大展好書　好書大展
品嘗好書　冠群可期

大展好書　好書大展
品嘗好書　冠群可期

名人選輯

4

盧　梭

傅　陽／主編

品冠文化出版社

序言

盧梭是對今日最具影響力的十八世紀思想家之一。其影響的範圍非常廣泛，而且涵蓋了哲學、教育、文學、宗教、政治等各領域。他主張人類的自由及平等，並揭櫫民主主義，因此，盧梭是一位堪稱「近代之父」的思想家，即使是今日，他當時視為問題的那些事情，現在仍然成為我們的問題。這便是盧梭個人的新鮮感，而有吸引我們之處。

想要瞭解盧梭時，知道其人及其生活也是一個重要的方法。尤其是盧梭的思想，應是從盧梭的整個人去瞭解。然而，當我們研究盧梭視為問題的那些事情時，還是無法忽視那個時代及先人及同時代人們的影響。

盧梭的思想，縱然甚為憑恃其特異的才能及性格，但絕不是只從這些方面產生的。本書遵循此一意旨，為了使各位瞭解盧梭的某一部份，在最初的部份，視時代的概觀，接著視其個人生涯而編纂。而且，主要是根據『愛彌兒』、『學問藝術論』、『人類不平等起源論』、『社會契約論』

等書為主，以其教育思想及政治思想為中心，來敘述盧梭的思想。

當然，並不是這樣就等於敘述了盧梭的所有思想，但應該便可使讀者瞭解其思想的概要。如果讀者之中有進一步探索的興趣，希望大家能積極地閱讀盧梭的著作。盧梭將會直接告訴我們很多事情。

目錄

第二章、盧梭的思想

第一章、盧梭的生涯

盧梭的時代

絕對王朝的成立

盧梭出生於一七一二年，而此時恰好和路易十四世逝世的那一年同一時期。如眾所周知的，當時的法國在紐克那戰爭之後，亨利四世及其大臣利修紐及馬薩拉正在加強王權，而路易十四世則繼承了他們的規模，完成絕對王朝。結果，封建領主的勢力便逐漸衰退，終於在法國確立了中央集權的體制。

關於路易十四世是否真正說過「朕即國家」這句話，雖值得懷疑，但是，他以其強力的權力實行了非常獨裁的政治。不過，這樣的政權並非完全脫離封建制度，在本質上，它是由中世紀的宗教權威所支撐的。

而成為路易十四世權力基礎的，是其強勁的軍事力、官僚制度及經濟力。在當時，為了加強絕對君主的權力，必備的條件是擁有自己的軍事力。但在路易王朝，已經擁有陸軍大臣魯渥亞，他已將陸軍完成整頓成為近代性的軍隊，而且自火藥發明之後，為了適應已經發生變化的戰術，在兵器的製造技術上，在此一時代也已發達。

另外，為了減弱封建勢力，使其政治力涵蓋整個國家，將官僚制度整頓好也很重要。以往，地方的政治是由諸侯各行其是，但在路易十四世的時代，已經設置了地方官及輔佐官，而使中央的政治徹底地推行至各地。結果，諸侯及僧侶的勢力便逐漸衰退了。

就這樣，軍隊及官僚對於維持君王絕對的權力成為不可或缺的一環。不過，為此就需要一股極大的經濟力。於是，路易十四世開始整頓稅制，同時也加強和新興商人及製造商等人們的關係。因此，重商主義的出現可以說是理所當然的結果。

柯祿貝爾及迪斯姆

在法國，柯祿貝爾在路易十四世的領導之下，完成了重商主義的制度。自法蘭索一世以來，國家的財政十分困難。國家甚至兜售官職，或是王室的領土，同時也向資本家貸款，如此設法克服難關，但柯祿貝爾停止這種做法，他可以說用盡手段想使所有種類的工業及商業變得更加興盛，使國家的財政更加豐裕。

在法國，自亨利四世之後便開始有工業興起，而柯祿貝爾則是以由國家保護的方法去培育工業。他主要保護的產業是武器製造、冶金及紡織品，並從外國引進技術，或對外國的輸入品課以重稅，使它愈來愈發達。其結果，法國對荷蘭、西班牙等國家的出口增加了不少。

絕對王朝的衰微

在前述那樣的治世之下，路易十四世也展開了其豪奢的宮廷生活。一六六一年馬薩拉逝世，路易十四世直接主導外交之後，便發生了戰爭。路易十四世想讓他的兒子安基侯成為西班牙王位的繼承者，因而引發了西班牙王位繼承戰爭，這是其中具代表性的一件事。這次持續了十四年之久的戰爭的失敗，造成法國財政上的困難，於是，法國絕對王朝也開始步上衰微。

被稱為太陽王，在當時是歐洲中心人物的路易十四世，於一七一五年逝世，而繼承他的是仍然幼小的路易十五世。路易十四世留下了龐大的負債，所以，在路易十五世的時代，最緊急的問題便是重新整頓財政。

在這方面非常努力的是約翰・羅（一六七一～一七二九年）。他雖是蘇格蘭人，但卻十分精通於銀行方面的問題。他在一七一六年創辦私設的銀行，發行紙幣，使貨幣流通以挽救財政。其方法在於將銀行的方法活用於國家財政的領域。也就是說，他認為國家必須是一名銀行員，而國家必須收取個人的金錢，且讓這些錢產生某些利益才行。因此，他採行了一連串的辦法。

例如，他發行見票即付的銀行券。而這些利益隨著通商及投機的擴增而日益增加，他想讓國家從這方面獲得利益以清償債權人，但是，由銀行所發行的龐大紙幣結果反而引起通貨膨脹。再者，約翰・羅為了挽救國家財政設立了「西方公司」，在殖民地美國實行獨佔性的商業，而此事雖促進了一般人的投機熱，但卻毫無實際上的利益，而招致有價證券的暴跌，而且紙幣的價值也隨著這種情形失去價值。如此一連串的政策最後都告失敗，財政上的困難也愈來愈惡化。不過，羅唯一的功績在於帶來了金融制度的發達。在羅之後出現了弗魯維蘇、修溫茲、德萊等人，他們都為了重建財政而盡力。但由於第一次七年戰爭及第二次戰爭，法國的財政變得更加拮据。

路易十六世紀便是承接這樣的狀態，他曾經嘗試過對特權階級課以重稅，欲藉此成功地重建財政，可惜並未如願，結果，法國絕對王朝因此而崩潰。

資本主義的萌芽

在法國絕對王朝的時代，貴族的勢力非常微弱。此時的貴族有著特權，也就是免除稅金、免除軍務，以及課稅權和裁判上的權利，而他的勢力，在三部會及地方議會中在僧侶之下，但是，他們政治上的權力在此一時代已幾乎喪失了。相對地，僧侶在財政上也很強，並且也擁有他們自己的裁判組織，諸如此類，僧侶的勢力非常強。

在這樣的情勢之下，由工匠、農民、勞動者、資產階級構成了第三階級。在這個階級中，資產階級在經濟上的力量已經很強，他們雖無政治上的權力，但其中的一部份人躋身為貴族。

王室當然不用說，連當時過著十分奢華生活的宮廷貴族們，也有不少人向資產階級借錢。但相對於上層的資產階級被視為金融貴族，下層的資產階級和一般人並沒什麼兩樣。

正如前述，資產階級的成長，有極大部份是由於約翰・羅的政策所致，而產業的發展，交易的擴大，在當時即將把法國的經濟組織從根本加以改變。也就是說，以往建立於土地所有之上的自然經濟，轉移為貨幣經濟。

當時的農民，可分為佃農及半佃農，而他們所擁有的土地非常稀少，生活也相當窮困。有許多人都將土地賣掉，而他們多半不得不從事於手工業。

在這裏，我們可以看到工業機械化的萌芽及資本的累積，而資本主義也正在誕生之中。於是，力量微薄的雇主及工匠就在資產階級的強力經濟力之下，已經無法保持他們經濟上的獨立，最後無法成為商人的人，便只能淪為勞動者。

相較於貴族及僧侶，這樣的第三階級，特別在稅金方面並未受到任何保護，完全被不平等地對待，這是必須特別提出來的。

「人間不平等起源論」的插圖

換句話說，在貴族等特權者的背後，有著因為重稅而受苦，佔第三階級大多數的農民們的痛苦。

當時，由於戰爭的緣故，財政上非常拮据，儘管如此，國王仍然繼續浪費公帑，胡亂花用。而且，官吏的腐敗也使財政的困難更加嚴重，貴族及僧侶免除了土地稅及所得稅，負擔稅捐的是絕大多數的農民。農民在當時已有二千二百萬人左右，佔法國總人口的百分之九十。所以，等於特權階級所免除的稅金，由農民負擔大部份。

除此之外，還有一種稱為田賦的租稅，也就是農民必須將其收穫的十分之一繳納給教會。在這樣悲慘的情況下，許多人心中的不滿及反抗，後來醞釀成法國大革命時爆發而出的感情。

盧梭所處時代的思想狀況

一般的特徵

代表法國十八世紀精神的，是科學的精神及啟蒙思想。自然科學的發達被應用於實際生活之中，促進了資本主義的發達，而它同時也成為重視「自然」的風氣，也給人類的思想帶來極大的影響，這一點是不容否認的事實。

再者，啟蒙主義受到自然科學發達的影響，在其中可以看見自然科學的合理主義，而其特色，就是想以如此的精神去解釋人類的社會。

因此，在其中有著顯著的對於人類理性力量的信仰，而在當時，人們並未認為不可以理性的力量去理解。這樣的精神，批判並打破社會上的不平等及不合理的習慣，使大家著眼於新的理想社會的建設。

啟蒙主義們認為，為了此一目的就必須啟開人們心中的蒙昧。

皮爾

為法國準備通往啟蒙思想的作家之中，影響力最大的是艾爾・皮爾（一六四七～一七〇六）。他主張人類的精神與生俱來的脆弱，但他也是一位穩健的懷疑論者。他將信仰排除於理性的領域之外，乍看之下他似乎對宗教表示了敬意，但仍否定信仰宗教教育的理由。

表現他這樣想法的著作『歷史批評辭典』（一六九五～一六九七），被稱為十八世紀「無信仰者無止盡的寶庫」。因此，他不僅分離了理性與宗教，也分離了道德與宗教。他認為，道德依存於良知，而宗教對人的行為並無任何影響，並主張人的行為含有自律的因素。

弗奧特那爾

相對於上述的皮爾，弗奧特那爾（一六五七～一七五七）則是使科學精神趨於普遍化而聞名。他原本是一位笛卡爾主義者，特別是在他所著的『多數世界問答』（一六八六）中，更將笛卡爾的天文學理論加以一般化。但是，他並不是對笛卡爾的所有理論全然照章全收，而是摒除了其形而上學。另一方面，他注意到牛頓的力學，於一七二七年出版了『讚賞牛頓』一書。如上所述，弗奧特那爾很努力於使科學精神普及到一般人身上。不過，他也想到嘗試以觀察自然的方法來證明上帝的存在。

另外，他也寫了『傳說的起源』，在這本書中他主張，雖然傳說及神話是由於對事象的說明而產生的，但那應該憑藉理性，而絕不應憑藉想像力。至於在現代，為了說明事象，必須以科學的說明去代替神話的說明。在其晚年，他認為我們所有的觀念應該完全歸諸於感覺性的經驗。

孟德斯鳩

以上已經講過法國啟蒙主義的兩個特色，也就是尊重理性及科學的精神，以及其兩位代表性人物。不過，法國啟蒙主義的另一個特色，是想進一步讓人們瞭解人類的社會、政治生活。而代表此一方面的人物便是孟德斯鳩（一六八九～一七五五）。他憎惡專制政治，呼籲人們重視自由，在其所著的『法的精神』（一七四八）一書中，對於社會、法律及政府進行了比較研究。

在序文中他說道：「我首先檢討了人類，終於確信，在無限多樣的法律及習慣之中，人並不是被他的任性所引導的。」孟德斯鳩的想法，是由歷史上的資料所得到的歸納結果。他又認為，在不同的政治社會所使用的實定法（在社會上正實際施行的法律，即現行法）的組織，和國民的氣質、自然環境、政體的原理、氣候、經濟的條件等有關，而這些各種關係的全體，形成了法的精神。

如眾所周知的，孟德斯鳩主張三權分立，這一點意味著他否定絕對君主制。因此，孟德斯鳩的理想是共和制。

他厭惡當時法國政治組織，觀察英國的情況，想從其他國家得到範本。這一點，在他有關政治自由的思想中已表現得很清楚。孟德斯鳩所考量的政治自由，並不是意味著不受任何約束的自由。也就是說，按照孟德斯鳩的想法，自由是能做到自己想做的事，而不被強迫去做不想做的事。

總而言之，他所說的「自由」即表示，只要是法律所允許的事，無論何事，都擁有可以去做的權利。換言之，在自由的社會中，市民可以以法律所允許的方法自由地行事，而在法律所禁止的範圍內進行某事，則是全無自由的。而且為了保障政治上的自由，孟德斯鳩認為權力應該被分離，政治與權力絕不可結合在一起。他這樣的想法，對於美國革命及法國大革命都產生了影響。

伏爾泰

除了上述的孟德斯鳩之外，我們還可以舉出伏爾泰（一六九四～一七七八）作為代表。他開始時曾認同人類的自由意志，但後來受到柯立芝的影響，對於人類的自由開始採取決定論的立場。不過，對於政治上的自由者他是一個擁護者。

關於人類的權利，他認為國家應尊重人民的權利。再者，他也讚賞在英國很盛行的各種自由的條件。然而，在促進由人民支配國家這方面，他絕不是一位民主主義者。他無法擁有和盧梭相同的有關平等的想法。在這一點上，他可以說是保守的。

他作為理想的目標是絕對的君主制，也是合理主義的獨裁。因此，他輕視愚昧的大眾。也就是說，他希望人類有所進步，一輩子都為了這件事而努力不懈。不過，為了實現此一願望，毋寧說他是想以絕對君主去達成目的，他認為，如果由民眾去做的話，絕對無法達成人類的進步。

即使在國民議會中伏爾泰曾讚美過這樣的政治制度，並預言過法國大革命，然而在本質上他仍是保守的，根據馬帝艾所言：「在君主制及其敵對者之間的紛爭中，伏爾泰即使經常站在君主制那一方，毋寧說他是想要強化君主制。」他認為，為此伏爾泰希望君主政體從教會的權力擺脫出來，從而獲得自由。

百科全書派（狄德羅與塔拉貝爾）

盧梭於一七四二年前往巴黎，開始認識狄德羅，一七四九年，狄德羅委請盧梭撰述『百科全書』中「音樂」一項。於是，盧梭和「百科全書派」的人士的關係日漸加深。

在法國，「百科全書」在啟蒙主義領域所扮演的角色極重，不過，這件事本來是從一七二八年所刊行的英國基艾巴斯的百科辭典翻譯為法文所得到的啟示。『百科全書』在當時是由科學院的會員狄德羅及塔拉貝爾所編輯。當時，由科學院所屬的人士著述書籍，對出版社來說，等於是那本著作有銷路的一種保證。但是，第一卷於一七五一年七月，第二卷於翌年五二年一月出版之際，王室參議院想禁止它發行。

理由是，它們會危害到君主的權力，促進獨立的精神，使風俗大為紊亂，而且會帶來無信仰的觀念，破壞教會的權威。儘管如此，百科全書仍然繼續發行。而到了一七五八年，雖也發生過塔拉貝爾從編輯位子被撤換的情況，但狄德羅還是繼續刊行它。

一七六五年，已經從八卷出版到十七卷，進一步於阿姆斯特丹印刷了五卷補卷及二卷索引。於是『百科全書』包括圖版）共有三十八卷，而於一七八〇年全部完成。不過，它在項目的選擇上並無一定的標準，整體來看，是不統一的。雖說如此，這套百科全書的意義，並不在於僅僅作為知識上的辭典，其意義可於說包含在反對當時的教會及政治體制之中。它正如米修利所說，是超過普通書籍，一個真正的結社。

在『百科全書』的兩位編輯搭配中，狄德羅是冒險性的、抒情的，相對地，塔拉貝爾則是慎重的、保守的、重視方法的，他們各自都活用自己的長處，彌補彼此的短處，非常具有意義。

不僅如此，狄德羅也讓科學院的會員塔拉貝爾撰述百科全書的序言，而他是將百科全書介紹給一般人的最適合人選。因為此一做法，結果連對他不懷好意的哲學家都開始信賴他。

盧梭其人及其影響

盧梭其人其事

盧梭自己說過：「與其說我是個有偏見的人，還不如說我是一個似非而是的人。」他是一位具有偏見、教條主義的破壞者，同時也是一位熱衷於真理的建設者。盧梭從說過「為了將生命奉獻給真理」這句話的羅馬詩人尤維納里斯的詩句中得到啟示，並奉為座右銘。

但他並不是想從一般人依循常識所承認的事物之中尋出真理，可以說將自己認為是真理的事物當作真理，而且，他絕不違背其箴言。

在這裏我們可以看見，不受任何事物約束的自由的精神。盧梭不僅以其著作感化了千千萬萬的人，同時，任何事物都無法征服，由自由的精神所引導的生活本身，也給我們極大的教訓。他以自身去抵抗虛偽的謊言。

像盧梭這樣，兼具「天才」及「瘋子」兩種質素的人，大概並不多見。在他的心中，「有著非常激烈的情感和遲鈍於呈現的思想」而兩者並未混和而並存，這種情形，可以說造成了他在思想上及實踐上的不一致。

盧梭幾乎未受過正式的教育，他自己非常緩慢地完成了知識上的發展，但在精神的奔放方面，他並無冷靜的抑制力。

沒有一個良好家庭環境，很早就開始流浪四方的盧梭，毫不在乎地說謊，也偷過東西。另外，他也將自己的孩子一個一個地丟棄。但是，從中年開始他就熱衷於追求德性。

他自我譴責自己的罪孽，因此而哭泣，終於成為誠實正直的人。他就是這樣完成了道德上的修養，但他想一步擁有一個完整的靈魂。被背叛、被放逐、被迫害，他幾乎快要瘋狂了，但此時他仍努力於追求自己的理想。

雖然，有人說盧梭的缺點之一便是高傲，不過，這種高傲並非對自己的才能所表現的信心，可以說是對於道德方面的驕傲。據說，這方面含有他當時讀過的布魯達科斯的影響。

他大概是將書中的英雄，視為和自己同一個人，在心中描繪超人式的道德，而他心甘情願地過著貧窮的生活。他在那種起伏變化極大的生活之中，即使有幸運降臨身上，他也拒絕一切的利益，仍是一貧如洗。他沒有成為以金子裝飾的僕人，永遠不作金錢的奴隸。

盧梭的一生，可以看成是為了探求自由及真理而活，也可以說充滿痛苦的一生。然而，因為他並未因此而自怨自艾，所以，他的人生應該堪稱充實、幸福的人生。

盧梭的影響

盧梭的影響，及於哲學、教育、文學及政治等領域，範圍非常廣泛。舉例來說，他的『新艾洛伊茲』及『愛彌兒』在當時有許多人閱讀，而關於他的影響，有人如此說道：

「女王得親自給她的兒子授乳，國王則親自學習手藝，而富人們想要建造英國風、富有田園趣味的樂園。」

盧梭的許多讀者，很熱衷於模倣盧梭著作中的主人翁，使自己和那個主人翁相似，這種情形有許許多多例子留存至今。如上所述，田園生活的趣味和嚮往道德生活的趣味同時廣佈於歐洲，成為一種時尚。

另外，盧梭的『社會契約論』在其仍在世中雖未被廣泛地閱讀，但在盧梭死後，這本書成為革命家們的福音書，被奉為經典，而對於德謨克拉西精神的發達也有極大的助益，據說，一七九三年羅貝芹布艾爾及薩・邱斯特根據『社會契約論』寫了國民公會憲法。

除了法國之外，有許多作家在各國家也受到盧梭很深的影響。

在法國，受到盧梭影響的人士有史達爾夫人、塞特普力亞・拉瑪爾蒂麥、喬治・沙特等等。

而德國方面，在盧梭的影響下開始形成了文學運動（約一七六七年至一七八〇年）。舉例而言，在雷索的『家庭教師』一書中，處理了和『新艾洛伊茲』相同的主題。還有，除了康德直接受到其影響之外，盧梭對赫爾達、歌德、席勒等人的影響也很深厚。

在英國，華滋華斯、拜倫等人也非常讚賞盧梭，而深受其影響。

另外，盧梭對教育思想的影響方面，貝斯達羅奇在『愛彌兒』公開發表時，還只是個六歲的孩子，但據說後來他因為閱讀此書之後，改變了其人生的方向，他就是受到盧梭如此深遠的影響。

盧梭對其時代前後人們所形成的影響，大致如上所述，不過，他在教育上尊重孩童自由的精神仍流傳至今。

對法國大革命的影響

雖然我們不能說盧梭是法國大革命唯一的先驅者，但我們可以說，他和孟德斯鳩等人都足以名列先驅者之一。一七九一年十二月二十九日，狄馬爾在國民議會作建議建造盧梭像的演說中說：

「諸位將會在盧梭之中，看見這位法國大革命的先驅者。」

再者，瑪拉於一七八八年在公共廣場上閱讀了『社會契約論』，並為它作註解，而熱心的聽眾則給予他鼓掌、喝采，且進一步於一七九一年在莫摩拉西所建立的盧梭像上刻著「奠定我們憲法的基礎」九個字。

只要看這些例子，也能瞭解到盧梭對法國大革命的影響是何其大了。不過，即使人們認為一七八九年的「人權宣言」非常有盧梭的個人風格，但我們並不能將一切都歸於盧梭的功勞。

除了盧梭之外，其他人士也已經產生了諸如此類的思想，尤其我們更不可忽略了美國革命的影響。而且，洛克對包括盧梭在內的人士都有影響，他對美國革命也有一定的影響。

當我們將盧梭與法國大革命的關係作一番聯想時，我們也必須同時考量其道德方面，認識他究竟是怎樣一個人。

在法國大革命當時，與其說盧梭是因為『社會契約論』，還不如是因為『愛彌兒』及『新艾洛伊茲』而有名。他在受迫害之際，也是一個有德之人，被視為以真理為武器，勇敢奮鬥的人，也被視為一種象徵。

他或許被當作革命家的一種典型，但事實上，盧梭命中註定要受苦，儘管如此，他絕未失去對於人類的愛。盧梭逝世之後，據說他位於波普拉島的墓地不斷地有人前往膜拜。這樣看來，被視為道德模範的盧梭像，也可以說在提倡市民自由的社會思想方面舉足輕重，扮演了一個重要角色。

盧梭的生涯

流浪時代

盧梭的家系

約翰・傑克・盧梭於一七一二年六月二十八日，出生於日內瓦的格蘭陵街家中。他的父親是伊薩克・盧梭，母親是西莎美・佩爾娜。

盧梭家原本是來自法國，但盧梭本身鮮少對其祖先之事發表談話。但被稱為狄伊迪艾・盧梭的祖先之一，移居至日內瓦，是一五二九年的事，據說自那時候起，盧梭家便開始定居於日內瓦。狄伊迪艾出生於巴黎附近的摩帝索，後來遷至巴黎，和他的父親一樣，以書店為業。

當時的法國各地都發生宗教上的紛爭，而身為新教徒的狄伊迪艾之所以遷至日內瓦，據說是為了追求信仰的自由。他在一五五五年被承認是一位資產階級。

伊薩克・盧梭（一六八〇～一七四五）是一名很優秀的鐘錶工匠。他雖然也曾有一段時期擔任過舞蹈老師，儘管是一個任性、快活，而且性格固執的人，但他對約翰・傑克卻堪稱一位慈父。

西莎美・佩爾娜（一六七三～一七一二）在三十九歲時生了約翰・傑克後的第九天便過世了，關於她的生平，我們幾乎一無所知。佩爾娜家比起盧梭家富裕許多，尤其是她的父系祖先，有許多人是實業家、教授及牧師。

盧梭出生的房子

另外，他母親方面的祖先據說是出身自日內瓦附近沙普島的人。關於他的母親，約翰・傑克・盧梭說明如下：「她兼具賢慧及美麗」。而這大概就是父親傳述給他的一切。

他出生時是相當病弱的，而他也從父母身上繼承了「敏銳的心」。這一點成為他一生中所有不幸的原因。

盧梭的家庭教育

慈藹地照顧自出生起便體弱多病，幾乎無法活下來的約翰・傑克，使他成為健康的孩子的人，是他的姑母修莎美（一六八二～一七七五）。如果約翰・傑克被他的生母扶養長大的話，也許後來就會走上完全不同的人生。

修莎美姑母對於給約翰・傑克一個正當的教育，這一困難的工作，完全不適任。從這位姑母身上，與其說約翰・傑克學會了「對音樂的興趣」，還不如說學會了「對音樂的熱情」。除此之外，她似乎並未特別教導他，給予這位任性的少年其他的影響。

約翰・傑克在十歲之前，除了父親之外並無其他的老師。永遠保存著亡妻影像的這位慈父，也是感情豐富的人。他常對約翰・傑克說：「我來告訴你關於你母親的事。」通常，約翰・傑克此時會回答：「好啊，可是爸爸，我們又要哭泣了吧。」父親的眼中立刻充滿了淚水。

在如此環境中長大成人的約翰・傑克曾說：「我在思考前就先感受到。這對人性來說是共通的一件事。我比別人更強烈地感覺到。」

父親對幼小時的約翰・傑克的教育似乎特別關心。他到了六歲時，父親就教他讀小說，那是已故的母親所留下的。那些書本，幾乎都是以培養讀書之初的理解力為目的，但後來他的興趣愈來愈濃厚，一到晚上，他和父親兩人輪流地將一本書讀完。這種活動有時一直持續到黎明才停止。然而，這樣的讀書方法對他來說毋寧是一件不幸的事。關於此事，盧梭曾告白如下：

「當時我對於事物沒有任何觀念，但那時我已經懂得一切的感情。也就是，我雖然對什麼都不瞭解，但我當時已經能感受一切。我持續經驗著如此曖昧不明的情緒，這雖未使我的理性鈍化，但卻造成另一種理性，而給予我關於人生奇妙而恐怖的觀念。至於人生的經驗及反省，當時也絕無法糾正我那樣的想法。」

他所讀的書，到了八歲之後就愈來愈深奧了。例如，閱讀莫里艾等人的書，特別是閱讀布魯爾科斯的書。一七二〇年的冬天就是這樣以讀書打發過去了。他喜歡亞克西拉斯、布魯特斯、艾歷斯基德斯等人物，他將自己視為和小說的主人翁同一個人，覺得得意洋洋。他開始熱愛自由，可能就是因為讀書的關係。而且據說其共和主義的精神，以及無法忍受拘束及隸屬的倔強性格，是由此而來。在其一生之中，這樣的精神及性格都具有支配性，主宰著他的命運，他就是因此而

波塞的主教公署

深為苦惱。

另外，盧梭後來不知不覺從父親那裏學到一個道德上的大格言，據說那句格言就是：「必須避開義務與利害發生衝突的立場，以及在別人的不幸中看見自己利益的立場。」

在波塞的生活

父親的教育在他十歲時便結束了。一七二二年十月時，伊薩克・盧梭由於一點點小過失而和一位名叫柯迪艾的法國上尉發生口角，在爭吵中拔劍被告發。結果，伊薩克被宣判罰鍰及坐牢三個月。他為了保護名譽及自由而逃到尼約去，但這件事已毀了盧梭一家。比約翰・傑克年長七歲的哥哥布拉索威，只好外出工作，而約翰・傑克則由舅舅家收容。

舅舅有一個名叫亞伯拉罕的兒子，這兩位少年被送到波塞一位名叫拉貝爾沙的牧師那兒去，他們就在那個村莊過了二年。

在那段寄宿生活裏，約翰・傑克經常遭受責打。而這件事在其性格的形成上，有著極為重要的意義。責打的任務是由牧師的妹妹拉貝爾沙小姐（一六八三～一七五三）執行。她當時約有四十歲，且為單身。她對於約翰・傑克有著像母親一般的威嚴，同時也具有母親般的愛心。當他做了某件壞事時，她就以手掌打他。

約翰・傑克捱打時，在感覺苦痛和恥辱的情形下，他更感受到希望被拉貝爾沙小姐再打一次的慾望。據說，這位拉貝爾沙小姐用手掌打他這件事，使盧梭無法對其他型態的愛有慾望，無法滿足於其他人的愛，而這件事也決定了約翰・傑克往後的興趣及熱情。於是，他開始將愛當作一種隸屬的感情，也開始瞧不起為了誘惑或征服女性必要的方法。

在約翰・傑克受到在此要特別記述的責打中，有的雖然他是完全無辜的，但卻被嚴加責打。例如，當拉貝爾沙小姐的梳子斷裂時，他被認為是兇手。此一事件即使經過五十年之後，他仍說當時自己是無辜的。這件事對他來說完全是冤枉的，但責打卻是非常嚴厲的。關於這件事，他記述如下：

「當時，我還未擁有充分且足以感受當時的情況，是如何讓我被視為一個很壞的人的理性，也沒有足以將自己放在別人立場之上的理性。當時，我是將自己放在自己的立場，因此，我所感受到的一切，是大人對於我未犯的罪的嚴厲懲罰那種令人毛骨悚然的恐怖感。雖然肉體的痛苦是很猛烈的，但我並未覺得有那麼劇烈。」

對於這種無辜之罪的責打，他第一次對不合理的事情感到憤怒。關於此事，他進一步地描寫如下：

「對於暴力及不合理最初的感情，非常深刻地刻劃在我的心靈之中，永不磨滅。所以，和它們有關的一切觀念，都會給我帶來如此的感覺。而原本這種感情是和自己有關，但它本身變成頑強的東西，完全脫離個人的利害，因此，每次當我看到或聽到那種事情時，不管做那件事的對象或場合為何，我的心就會覺得那件事發生在我身上似地，激憤起來。」

對不合理之事的憤怒非常激烈，也因此使他自暴自棄。

對盧梭而言，這件事是他平穩的生活的結果。自從那時候起，他逐漸開始覺得做壞事並不是羞恥的事。但另一方面，責罵也愈來愈可怕，於是，盧梭逐漸開始掩飾自己所做的壞事或所說的謊言。

自從發生這件事之後，盧梭和表兄一起離開波塞，回到日內瓦去。在此二至三年的期間內，他們兩人幾乎不做任何事地過日子。

學徒生涯

一七二五年四月二十六日，盧梭被送到艾貝爾・狄可馬那裏去做學徒。在此之前，他已經被送到市書記馬斯洛先生處學習代書事務。但是，見習對盧梭來說是一件不合適的事，根據馬斯洛那裏其他的見習生說，盧梭只適合於使用銼刀，而他之所以被送去做學徒，正是因為曾有過這樣事情的結果。

曾經是雕刻師的狄可馬當時是二十歲，剛剛結婚，那時候他還沒有專心教育弟子的餘裕，更何況他也無法很威嚴地訓練弟子。他的弟子在生活各方面都非常困窘。他對待弟子的舉止非常粗暴。這種情形，在很短的期間內使盧梭幼年時代一切的天真感都變淡了，也使他喪失掉深情而快活的性格，反而使他變成一個暮氣沈沈的人。尤其是師父的暴虐，使盧梭進一步成為說謊者、欺騙者，而且也學會了偷竊，這件事縱使在往後歲月也一直難以糾正過來。

關於此事，盧梭描述如下：

「渴望和無氣力一定會使人變成這樣的結果。所有的從僕，以及所有的弟子都非變成這樣不可，也是導因於此。但是，當他們逐漸成為能得到眼睛所看見的東西的人時，他們也得到平等而穩定的身分，之後他們便喪失掉羞恥心。」

年輕時的盧梭

可是，盧梭從未面臨如此狀態，所以，他的不良傾向一直難以矯正過來。盧梭第一次偷竊東西是為了討別人喜歡而做，由於此一動機，他開始在師父家中偷竊各式各樣的東西。當時，盧梭認為偷竊是對師父的一種報復，回報他的暴虐。

不過，盧梭在學徒時代就開始閱讀書籍了。那是因為，他在此段時期學會了適合於徒弟身分的不道德行為，但無論如何他不能說這是一種興趣。而且過於束縛的工作使他喪失了生活的生氣。因為開始厭惡一切的緣故，他向一位名叫萊・特莉比的年老女人所開設的租書店租了各種書籍，每天貪婪地閱讀。

有時在工作檯上，有時在跑腿的途中，有時則在廁所裏，當他讀完時，往往忘了時間，誤了工作。看見他在讀書，師父拿走他的書本，結果，借來的書本被撕毀、燒掉或從窗戶丟到外面去。這種情形，經常發生。儘管如此，盧梭還是不忘讀書。每個星期日都能拿到的三銖小費，他一定都用於借書。於是，不到一年的時間他就將那家店所有的書籍都讀光了。盧梭如此的讀書方式挽回了他高尚的情操，而這件事又改正了他作為不良少年的興趣。

另外，讀書對於鎮定盧梭肉慾上的衝動也有所幫助。他在讀書時將覺得有趣的各種狀況記錄下來，而他後來回想起那些事時，便將它們改成各種形式加以結合，使它們成為自己幻想中的人物之一，加入自己的看法，經常使自己站在最適合於自己趣味的立場。於是，小說性的幻想讓他忘卻對於現實的不滿。不過，這種情形也使盧梭成為一個性格孤獨的人。

自由的出發

一七二八年三月十四日，星期日，盧梭和二位伙伴到城外散步。傍晚他們在歸途上距城內兩公里的地方聽到通告關閉城門的喇叭聲，他們快跑但已來不及，他們就這樣被關在城門之外。這種情形以前大約發生過二次。第二天回去時，師父非常嚴厲地處罰他們。盧梭原本就想著事不過三，不會有第三次重複的失敗，但這種事現在又發生了。因此他下定決心，再也不回到師父那裏去了。

第二天早上，伙伴們回到師父那裏去，但他拜託伙伴傳達想和表兄見面的地點及自己的決心。表兄在分手之際送給他一點錢和一把劍，那些便是他開始踏上流浪之途時所有的財產。剛開始時，他到特里納去，但在那裏他已經非將表兄給他的劍丟開不可。盧梭對當時的心境敘述如下：

「恐怖使我作了逃亡的計劃，那一瞬間讓我非常悲傷，因此，實行和實現的那一瞬間對我來說是有魅力的。……而且我是自由的，是自己的主人。所以，我相信自己任何事情都能做，也相信任何事情都能達成。……我放心地走進世界廣闊的空間之中。我覺得自己的才能似乎能得到發揮，也非常滿足，每一步都有饗宴、寶物、冒險，而且彷彿經常都有可以幫助我的愛人似地。……」

於是，盧梭啟程展開流浪之旅，投向自由的懷抱，走入更寬廣的世界。他在城內徘徊數日之後，到達可夫紐。在那裏，他拜訪主教並接受宴請。主教是一位非常親切的人，在各方都很替盧梭操心，他關心地說：

「你就到阿麥西伊去吧。那裏有一位十分慈悲且親切的婦人。而那位婦人由於國王的恩惠，從自己本身已經擺脫的錯誤之中，將別人的靈魂拯救出來。」

他說著並為盧梭寫一封給烏拉夫人的介紹信。但是，盧梭開始時不甚有意去見她。因為他覺得需要那位婦人的幫助，是很難為情的，而且他也不喜歡別人施予恩惠，更何況他對於假裝很有信心的女性心存偏見。但是，這位烏拉夫人是給予盧梭極大影響的人，不過，盧梭因為當時不甚樂意，所以，沒有立刻前往原本一天便可走到的地方，他在途中流連了三天之久才去拜訪這位夫人。盧梭將他和夫人第一次見面的情形描述如下：

「我終於抵達阿麥西伊，我和烏拉夫人見面了。……那是在通往烏拉夫人家後面弗拉西史科派教會的暗門的小路上，正要走進那道門的夫人聽到我的聲音，猛然回頭了。那一瞥的瞬間，我的驚訝是多麼大！我原本在心中描繪著愁眉苦臉的年老信徒。主教所說的親切婦人，以我的想法，只是這樣的一個人。然而，我看到的是一張充滿優美溫柔的臉，碧綠而美麗的眼睛，幾乎會發光的臉色，以及令人陶醉的胸部輪廓。年輕的改信者盧梭只是敏捷的一瞥，便毫無遺漏地看盡她的一切。我剛才說年輕的改信者，那是因為在那一瞬間我已經成為她的信徒，而且也開始確信被這樣的傳導師所傳導的宗教，相信它一定會將我引導到天國去。她拿著我以顫抖的手伸出去交給她的信，打開看了一下主教的信函之後，將我帶去的信全部讀過了。如果不是她的從僕提醒她，現在是必須進去的時間，她可能會再讀一次。她以讓我心中大震的口吻說：『孩子，你如此年輕就如此流浪。』而且又說：『到我家去等我，我會吩咐僕人準備餐點。等彌撒完了，我就去和你談。』」

這是一七二八年三月二十一日的事。

烏拉夫人

烏拉夫人（一六九九～一七六二），在十五歲時便和貴族塞巴斯奇亞・伊薩克・烏拉結婚（一七一三年），但因為婚姻生活不美滿，所以，她就渡湖到艾維亞去，並向那時候正好前去該地的沙塔紐國王威克多・亞麥迪請求保護。國王給予她一千五百里布盧年金的保護。對一向節儉成性的他來說，這個金額已是很大的一筆額外支出。

關於他為何這樣對待她，有傳聞說那是因為國王愛上了這位夫人。因此，夫人就被國王送到阿麥西去。而她接受日內瓦名義上的主教米修・貝爾那克斯的指導，在威茲達約的修道院宣誓，改信宗教。

盧梭被送去這位夫人那裏時，夫人是二十九歲。根據盧梭的說法，這位夫人是一位美麗絕倫的女性，世上再也看不到有比她更美麗的胸部、更美的手掌、更美的手臂。至少由當時十六歲的他看來，的確是如此。夫人無論是容貌或眼睛都很溫柔，帶著天使般的微笑。嘴唇和櫻桃一樣小巧。另外，她將很罕見的灰色美麗頭髮不經意地束起來。

關於和這樣的夫人初次邂逅，盧梭所感覺到的是一種戀愛。這件事給予他一生決定性的影響。五十年之後，他在『孤獨散步者的夢想』一文中如此談論她：

「如果說她對一位年輕、精神奕奕、溫和、保守且又容貌俊美的男性具有好感，並不會太奇怪，更何況她是一位深具魅力、才氣洋溢且優美的夫人。她除了讓我心懷感謝之念外，同時也讓我產生了更溫柔的感情，這一點，也並不是不可思議。但是，這並不是普通的感情。在見面的那一瞬間，已決定了我的一生，而且由於無法避免的連繫，產生了我往後的命運。」

她詢問盧梭的身世，和他一起思考未來應該如何才好。但是，烏拉夫人並未勉強地將盧梭留在自己的身邊。盧梭當時已經快到烏拉夫人那樣的女性也無法將他留在身邊的年齡，於是，他被送到德利納去。那裏有專為教育改信天主教者所建立的救護院。

在德利納

啟程作德利納之旅的途中，對喜愛流浪的盧梭來說，自然比在救護院中更快樂。他和一對夫婦一起完成了大約二十日的旅行，彷彿漫長的散步一般。但他抵達德利納時，已經身無分文。

他拿出身上所帶著的信函走進救護院時，那已是一七二八年四月十二日。

「當我走進去時，看見有鐵格子的大門。而我走進去，那扇大門就立刻緊閉起來，像這樣的開始，與其說快樂，還不如說讓我覺得有壓迫感。」

就這樣，他被帶到有十字架的木製祭壇，以及有四、五張木製椅子的大房間去。在那裏，他就要和五個作惡多端的流氓一起接受教育。開始時，他對於天主教並不熱衷。他當時覺得，改信是很遙遠的事，因此，他想以抵抗來爭取時間。然而到了八月二十一日，他已經放棄了新教，二十三日並接受天主教的洗禮。於是，盧梭終於改信天主教，他在『孤獨的散步者的夢想』一文中描述如下：

「我還幼小時，一切都必須由自己做，因此被恩惠所引誘，被虛榮所引導，被希望所背棄，被環境所逼迫，於是我就成為天主教徒。」

在改信的宣誓結束之後，給予盧梭並非他原本所期待的地位，而是只有約二十法郎的金錢而已。盧梭心中極大的希望一下子消失了。但他並不絕望。因為從救護院二個月以上的監禁生活，獲得解放的喜悅是非常大的。毋寧說他感到自由及幸福。他對當時的心情描述如下：

「在長期有如奴隸一般的狀態之後，我再度成為自己本身，找回自己，以及自己行為的主人，可以隨心所欲。而現在我置身於形形色色的大都市之中，其中有很多身分很高的人。如果我的才能及價值被那些人知道，他們一定會立刻歡迎我去。而且我有等待的時間。另外，當時我覺得似乎有使用不盡的寶藏藏在我的二十法郎之中。在口袋裏還有另一個二十法郎。當時我不必向任何人報告，就可以依照自己的意向自由地使用。我從未像那一刻那樣富有；我不僅沒有沈溺於失望及淚水，同時也改變了希望，向另一個目標邁進。」

如上所述，獲得自由之身的盧梭，就以一處便宜的宿處作為根據地，暫時到處去為人做在食器上雕刻姓名、組合文字的工作，但不久之後他就成為維爾塞里斯伯爵夫人的從僕。她是一位寡婦，也沒有孩子。她很有才氣，愛好法國文學，同時，她也是一位勤於寫信的人。但她苦於乳癌，自己無法寫信，盧梭所有的任務，便是撰寫夫人所口述的信函。

然而，三個月之後夫人便離開人世。在為此一不幸而忙亂之際，盧梭犯了很大的罪。那就是偷竊及說謊，而且說謊是一項大的罪。這次的回憶，使盧梭的心一生都痛苦著，在他年老之後，已經為了其他事件而非常心痛的盧梭，為了那件事，不管任何時候都會讓他痛苦不已。讓他如此痛苦的是如下的事件：

維爾塞里斯夫人逝世之後，在進行遺產的整理時，因為長年以來服侍夫人的羅倫奇尼夫婦很注意監視一切，所以核對財產目錄並未短少任何東西。不過，羅倫奇尼先生的姪女何達爾小姐遺失了已經陳舊的玫瑰色、銀色緞帶。那是因為，盧梭很想要那些東西而偷去，但他很怕被發現及追究。當時，盧梭說了「那是瑪麗奧給我的」的謊言。

瑪麗奧是該地的女廚師，她不僅年輕又漂亮，而且，她的臉色光澤動人，很有青春的氣息，她溫柔而優雅的舉止使任何人都喜歡她。另外，她謙虛、正直、忠實、勤勞，也是極佳的美德。事實上，盧梭也十分鍾情於她，因此很想緞帶送給她，那就是他偷竊的動機。

但當他的行為被發覺時，他竟想將罪行推給這位完全無辜的女孩，因為他害怕恥辱的利己性因素的緣故。他害怕加諸於己的恥辱及懲罰更甚於死亡。當他作不實的陳述時，她以非常可怕的眼神瞪著盧梭，而且帶著確信，絲毫都沒有激烈地否認自己未做那件事。她只是向盧梭說，要他自己反省，也提醒他不要傷害從未做過壞事的清白女孩的名譽。然而，盧梭仍固執地辯稱自己的清白。瑪麗奧終於哭泣起來說道：

「啊，盧梭先生，我原本相信你是一位好人，但你卻讓我陷入不幸的境地之中。可是我不願意站在你那樣的立場，也陷人於不義。」於是，兩人都被繼承人拉・羅庫伯爵解雇了。關於此事，盧梭如此說道：

「我不知道，成為我中傷的犧牲品的人後來如何了。但她後來似乎很不容易找到一份工作。她可能被人以各種方法殘酷地攻擊其名譽。……不知道以她那樣的年齡卻無辜地受到人格的傷害，將會如何失望，這件事將她引導到哪裏去？……這段痛苦的回憶，經常讓我苦惱不堪。當我睡不著時，這位可憐女孩的事情彷彿昨天才發生似地，不斷地譴責著我的罪過，使我的心混亂萬分。」

之後，這段回憶保護著盧梭，避免他的犯罪傾向，在他做錯事時及時拉他一把。

沙維奧助理主教

盧梭又以失業之身回到租住處去。當時他是十七歲。為了活下去，他必須再找一份工作。盧梭有此想法時，也想到也許可以有任何幫助，而去拜訪以前做威爾賽里斯夫人的從僕時所認識的人。其中有一位是曾為僧侶的柯姆先生。

柯姆先生年紀尚輕，沒沒無聞，並不是能替盧梭找工作的有力人士，但他帶給盧梭一生的利益是健全的道德教訓，以及正確而理性的教訓，盧梭在他身旁發現了這些寶藏。

盧梭在『愛彌兒』的第四卷，借助沙維奧助理主教之口，談論哲學及宗教，而其中模特兒之一，便是這位柯姆先生。關於柯姆先生，盧梭談及如下：

「柯姆先生為了我恢復自我而自省這件事，十分操心，而在這方面他雖然不夠寬容，但也不讓我失望。他為我描繪只有錯誤觀念的人生真相。而且他也向我表示，有思慮的人，即使處於逆境也經常知道如何往幸福的方向邁進，為了達到幸福之境，知道如何順利地進行準備工作。也就是說，他教我為何沒有睿智就沒有真正的幸福。而睿智為何是所有生物都有的。他所說的話中，經常在我記憶裏浮現的是：如果每人都能窺見其他所有人的心的話，那麼，想要往下退的人有可能比想往上進的人來得多。此一反省，在我的人生行路上，非常有助於使我的地位平穩。他第一次給予我正直這件事的正確觀念。

另外，他讓我感覺到，如果對崇高的道德只是感激時，在這個社會上幾乎沒有用。也就是說，爬得太高，人就容易摔下去。為了經常繼續完成小小的義務，必須擁有和英雄式行為同樣的力量，柯姆先生讓我領悟到此番道理。……他也讓我瞭解到，與其被別人讚賞，還不如經常受人尊敬。」

柯姆富於思慮的訓戒，在盧梭的心中成為生生不息的道德及信仰的種子，逐漸萌芽。

逃 脫

盧梭由於拉·羅庫伯爵的照顧，在不久之後，過了一段他一生中最能寄託於將來的期待的時期，充滿了希望。盧梭得到著名的克奧恩伯爵的從僕的職位。克奧恩伯爵是一位予人印象十分良好的老人，他和兒子住在一起。小克奧恩對盧梭深具好感，也教他拉丁語。盧梭雖是從僕的身分，但是，他有一位只擔任王子家庭教師、出身良好的家庭教師。那是因為克奧恩家的人原本就希望從事於大使的職務，而且他們很早以前就想打開通往大臣地位的路子，因此，都希望能培養專屬人才，而盧梭便是能符合他們這種期望的人物。他們相信，遲早應該會給予盧梭適合於他的地位。但是，盧梭卻自己走上和他們的期待相違的路，那是因為天生的流浪性格所致。

當時，盧梭的親戚，也就是一位他以前當畫家繆塞爾徒弟時期的伙伴巴克，到克奧恩家來。巴克當時正想回到日內瓦去。他是一位有趣而快活的少年。盧梭完全著迷於巴克，開始想和他一起去旅行。於是，他故意做出可能會被解僱的事情，他甚至未向小克奧恩打一聲招呼就和巴克兩人啟程了。

但是，真正促使盧梭去旅行的原因，可能便是烏拉夫人的影子吧。兩人的旅行非常快樂，但到了阿麥西時，巴克就說「再見」離他而去。

盧梭回到烏拉夫人身邊的時間，可能是一七二九年的春天。盧梭將他和夫人重逢的情形描寫如下：

「當快到烏拉夫人的家時，我的心跳得多麼快，我的腳發抖著，我的眼睛彷佛被面紗覆蓋著一般，什麼也看不見，而且什麼也聽不見。我嘆息了好幾次，為了要恢復意識，必須停下來。我的心之所以如此動盪，那是不是因為我心中懷有也許無法得到自己所需的援助的不安呢？……當我看到烏拉夫人時，她那種模樣立刻讓我安心。由於她的聲音一開始的聲調就讓我發抖，我投身在她的腳下，因為太興奮了，得意忘形之餘以嘴唇緊緊地壓在她的手上。雖然我不知道她是否知曉我的事情，但她的臉色絲毫沒有驚訝的樣子，似乎一點都不擔心。她以溫柔的語調說：『真可憐啊，你回來了！我原本就知道，讓你作那樣的旅行確實太年輕了。我所害怕的事，並沒有成為不好的結果，至少這一點實在太好了。』」

於是，夫人下定決心要將盧梭留在他家裏。夫人說道：

「別人也許會說些他們想說的話。但因為是上帝的旨意將那孩子送還給我，所以我絕不遺棄他！」

當時，盧梭是十七歲，烏拉夫人則是三十歲。夫人稱呼盧梭為「孩子」，而盧梭稱呼夫人為「媽媽」。這一點很如實地表示了兩人心靈上的相互關係。在他們兩人之間，自從初次見面那天起就已經確實地產生了溫柔的親密感。盧梭從不懂得母愛，而夫人又沒有孩子。因此，他們彼此那樣稱呼對方是極其自然的。對盧梭來說夫人是一位慈母。她像母親一般親吻他、愛撫他。關於這樣的愛，盧梭說道：

「我不知為何竟陶醉在那種寧靜祥和的愛，在那種感覺中，即使是一瞬間也不會覺得無聊。而一生，不，即使永遠也都能那樣過下去。」

那是一種很強烈的愛情。盧梭一看見烏拉夫人就有這種感覺。當他看到夫人之後才覺得滿足。但當她不在家時，他的不安幾乎到了痛苦的地步。

盧梭對夫人並未感覺到性方面的慾望。至少，他並不想將它表露出來，但他也不能否認，在他的內心深處有著某種在蠢動著。盧梭從夫人身上幻想著溫柔、可愛的妹妹，以及快樂的女友。至少對盧梭來說，夫人實在太美、太溫柔、太慈愛了，而且盧梭非常害臊，又十分天真。這些因素使他抑制了慾望。

烏拉夫人想將回到自己身邊的盧梭送去上神學院，將來讓他成為一個主教。於是，盧梭被送到薩里斯特神學院。但是，盧梭在那裏僅僅停留幾個月而已。因為他被認為根本就不適合於從事聖職，很快地被送回去。當時，盧梭對音樂深感興趣，因此，夫人準備讓他成為音樂家。

在那一年的九月，他以寄宿生的身分進入聖詩班培養所。由於當時出入於夫人家中的火聖堂音樂長兼作曲家魯・麥德爾的安排，在那裏的六個月生活，他和音樂隊的合唱團的孩子們一起唱歌，每天都過得很快活，而且那地方距離夫人家中不到二十步那麼近，也可以和夫人一起共進晚餐。這六個月在他的一生中，是最平穩的期間之一。

然而，翌年的四月初，魯・麥德爾因不滿教會給予他的待遇，突然想離開。夫人便安排讓魯・麥德爾將盧梭送到里昂去。當然，還有一層因素是夫人希望把盧梭從他崇拜的音樂家威恩邱拉開。他那種陶醉的模樣，比起著迷於巴克時更加激烈。

魯・麥德爾常常有癲癇發作的情形，當他抵達里昂時便立刻發生了。盧梭非常吃驚，但他不僅沒有救他，反而把他留在當地，慌慌張張地回去，因為他一心一意想回阿麥西見「媽媽」。盧梭說：

「我對她溫柔及真實的愛投降了，她使我心中一切空想的計劃及瘋狂的野心全都滅絕了，我除了能在夫人身邊生活得幸福之外，什麼都不顧了。」

但是，當他回到阿麥西時，烏拉夫人已經出發前往巴黎。

前往菲力浦

夫人的理由不得而知，但無論如何，盧梭失望至極。夫人的女佣人梅絲麗仍留下來。夫人完全沒有消息傳來，而梅絲麗決定回到她的故鄉菲力浦去。把她送回她父母身邊的任務就由盧梭來擔任。她比他年長五歲，雖不是一位美人，但也是予人印象良好的女孩。

旅費由梅絲麗負擔，他們決定徒步回去。途中，兩人經過日內瓦。這一次是自從他離開那地方之後第一次經過該地。但是，他們沒有遇到任何人就通過了。為了到菲力浦去，也必須經過里昂，那裏有他的父親。他很怕見到父親，但無論如何，他還是很想和父親見上一面。以他當時的心情來說，如果沒有和父親見到面的話，可能會因為後悔之念而抱憾以終。因此，他冒著一切的危險回去，父子兩人流著淚高興地擁抱著。他將過去的事情一一告訴父親，同時也告訴父親自己無意留在那裏。但父親不甚贊成並說：「你最好趁早停止做傻事。」那可能是因為，他對盧梭和年輕女孩一起旅行有所誤會，所以才會如此說。他也許只想著，一個二十歲的男孩和一個二十五歲的女孩旅行時晚上住在同一個房間的情形，而事情絕不僅僅如此簡單。

兩人以和離開阿麥西時完全相同的情況到了菲力浦。在旅行的途中很親切地照顧盧梭的梅絲麗，一回到父母身邊便變得非常冷淡。她很喜歡他，而他對她也並不是沒有好感，但兩人一滴淚也沒流就爽快地分手了。他不知往何處去，第二天，他往羅薩瑪出發。他描寫當時的心境如下：

「我想在那裏儘情地享受眺望廣闊的美麗湖泊。決定我行為的動機，大部分並不是比這樣的想法更為確定。一項遙遠的目標，幾乎不具任何讓我採取行動。想到未來的不確實性時，經常都需要計劃，實行的人有如欺騙容易受騙的誘餌。……在我伸手可及的地方，小小的快樂遠比天國的喜悅更能誘惑我。」

那天晚上，他在姆登過夜，翌日，抵達靠近羅薩瑪的村莊。此時，在他口袋裏連一分錢都沒有。在那裏他嘗試了一次冒險。

他想冒充自己是來自從未去過的巴黎的音樂家，並在當地教音樂。他在好好先生貝狄羅家中租住，貝狄羅特地為他找來學生，而且對盧梭說，他的房租等有了收入之後再給，可以說對他十分親切。盧梭後來嘆息自己再也不能遇到如此親切的人而說道：

「為何我在青年時代能遇到許多親切的人，但年紀愈大就幾乎沒有遇到那樣的人呢？這種人是不是已經絕跡了？不，現在我有必要尋找親切的人，境界已經和我當時發現親切的人大不相同了。在一般民眾之中，他們雖然只會偶爾談論偉大的感情，但在他們的內心，我們更能聽見更高境界的自然感情，那種自然的感情，完全被壓抑了，而埋藏在感情的面紗之下，人們所談論的只是利害關係或虛榮而已，除此之外，竟沒有其他任何事情。」

當時，盧梭尚無法一看到樂譜就立刻唱出歌曲，儘管如此，他還是想擔任音樂教師。以前他曾向魯・麥德爾學習過六個月左右，這可以說便是他所有音樂上的知識。而且那時候他還自稱會作曲，在那裏他被介紹給一位名叫托雷特拉的法學教授，教授也非常喜好音樂。為了在教授家中舉辦的演奏會上表演，盧梭作了一首曲子。那是一首聽眾實在無法接受的曲子。翌日，盧梭向來拜訪他的一位交響樂作曲家說出一切，並不禁流下淚。

雖說如此，他還是有二、三個學生，藉此生活了數星期。但在那裏他已經沒錢吃飯，於是便到蒙西達去，他在那裏過了整個冬天。但在那裏比在羅薩瑪時能得到更多的學生，也到了能償還貝狄羅的借款的程度。於是，他正如格言「教學相長」所言，一方面教，另一方面也在不知不覺中學習。

流浪之旅

一七三一年四月上旬時，盧梭前往布多里，在那裏的旅館認識了一位希臘籍的主教，他同時也是耶路撒冷修道院的院長。院長說他正為了復興聖墓地而四處募捐，遊走歐洲。他要求盧梭擔任他的秘書兼翻譯，與他同行。因此，盧梭便經由布多里到了索魯爾。那是四月二十七日的事。在當地時，他曾先前往法國大使鮑那庫那裏打招呼，他曾經擔任土耳其大使，是很熟悉聖墓地事務的一位人士。那位希臘籍的僧侶可能是一個騙子。而和這件事沒有任何關係的盧梭就被留在大使館裏，由館裏的書記官拉・馬爾奇尼艾爾先生保護。但是，在那裏對將來前途的遠景並不是很明朗。盧梭很想到巴黎去。

不久之後，他的願望便得以實現，他終於到巴黎去了。在那裏，他預定擔任一位瑞士籍上校的姪兒的隨從。他拿到旅費一百法郎及幾封介紹信便出發了。此次的旅行是十五天，據他自己說，那可以說他一生中最幸福的期間。但到了巴黎之後，他失望極了。他從貧民區走進巴黎市中，在那裏他所看到的是髒亂而有惡臭的馬路，漆黑而狹窄的房屋，還有乞丐及為人補綴舊衣的女人。

對盧梭來說，巴黎是一個完全和他期待中不同的地方。而且柯達爾上校想讓盧梭做一個沒有報酬的僕人。他拒絕了此一職務，但已經身無分文窮困得無法度日。此時，在他腦海中閃現的是烏拉夫人的影像。聽說夫人已在二個月之前離開巴黎了。

總而言之，他非常想念夫人，想再見她一面，由於這樣的心情，他終日坐立不安。但是，他根本不知道夫人到那裏去了，於是他暫時步行前往里昂。

在這次的旅行之中，特別留在盧梭記憶裏的，是那些在美麗的風景中受惡政虐待的農民。

有一天，他因為飢餓萬分且口渴，在疲勞不堪的情形下走到一農家。他向他們請求願意付錢，拜託他們給他一點東西吃。那裏的農民庫利姆給他脫脂牛乳及大麥做的麵包。盧梭立刻就吃完了，看到他這種狼吞虎嚥的食慾，農民說道：

「你看起來好像是一個誠實、正直的年輕人，並不像是來這裏出賣我的。」

農民說罷，便為盧梭取來藏匿起來的純正小麥製黑麵包，還有雖已吃過但仍新鮮的一條火腿、葡萄酒，而且也給他一份相當厚的煎蛋捲。

開始時，盧梭被當作是「稅吏」或「酒食老鼠」，當那位農民知道他不是那樣的人之後，才放心地拿出那些好菜給他。那是因為當時的農民都很害怕國王課征他們補助稅及人頭稅，所以，他們必須讓自己裝成瀕臨餓死的生活狀態。如果被認為生活過於富裕的話，就會立刻被毫不留情地課稅。在那裏，農民被壓榨得非常嚴重，人人苦不堪言。

農民如此的情況，留給盧梭無法抹滅的深刻印象。盧梭說：

「對於不幸的人們所遭遇的苛酷者及壓制者，自那時起即在我心中產生的那種無法抹滅的憎恨根源，即在於此。」

自然給予人們美麗而豐富的恩賜，但是，重稅破壞了這種恩賜，盧梭對這件事感到嘆息不已。

回到「媽媽」的身邊

他在里昂停留了四星期，那裏有烏拉夫人的朋友，而以前盧梭也曾被介紹過的夏德蕾小姐。她親切地招待盧梭，並協助他獲知烏拉夫人的消息。在滯留期間內，盧梭暴露於讓他覺得里昂是歐洲最可怕的頹廢城市，那種同性戀不道德的犧牲品的危險之中。然而，他並不是只遇到惡人。他想到自己身無分文，但與其借錢還不如忍受一點痛苦，於是沒有接受夏德蕾小姐的幫助。而且他也認為睡眠不足和飢餓相比更無死亡的危險，所以他就睡在馬路上。

第二天早上當他醒來時，他的眼前出現了山水及綠意等美麗的景色。看到這種情景，他的心情立刻大好，快活地唱著歌。在一面步行一面吃早餐時，有一位修道士聽到他唱歌，走來跟他說：「你是不是懂音樂？」盧梭回答說會一點時，修道士又問：「你有沒有抄過樂譜？」

盧梭回答：「常常抄。」

此時修道士便說：「跟我一起來吧，我給你幾天抄寫的工作。只要你同意，在這段期間不離開房間一步，我就給予你任何自由，不會有不方便之處。」

雖然盧梭所做的工作有許多錯誤，但是，他能吃到很好的三餐，而且因為那件工作得到一大筆報酬。他就這樣克服了危機。

幸好此時烏拉夫人所寄的信函及旅費都到了。夫人當時人在西貝里，於是盧梭拼命想見夫人一面，出發往夫人所在的地方。他到達西貝里時，是一七三一年的九月左右。烏拉夫人給予他土地測量書記的職位。就這樣，他自從離開日內瓦之後第一次能靠自己掙得三餐。

自我形成的時代

學習音樂

自從盧梭到了西貝里之後，從開始到後來前往巴黎的九至十年期間，形成了他生涯中的一段時期。在這段期間內，沒有發生任何值得一談的事件。

這段時期，可以說是持續了單純而安穩的生活，不過，這段時期對他來說，對為了固定因過去從未穩定下來的流浪生活，而一直未定型的性格，是極有意義而重要的。

首先，由於他在這段期間內測量技師所擔任的地圖線圖繪製工作，而使他開始對設計產生了興趣。他去買了繪畫用具及顏料，開始畫花卉等，但他並沒有這方面的才能，此時再度吸引他的是音樂。

對盧梭來說，學習音樂是一件非常快樂的事。因為那是和烏拉夫人共通的一件事，且能和她一起做。兩人都熱衷於音樂，為此有幾次讓夫人煎的藥焦掉了。

儘管如此，他的進步仍是緩慢的。他可以說是為了音樂而生的，而且他從小就一直熱愛音樂，但是，無論到什麼時候他也無法達到一看樂譜便能唱歌的程度。

關於音樂的學習，在這段期間是他一直努力的目標。他在因為生病而無法外出的一個月間，耽讀萊莫的『和聲論』。他也將貝爾尼艾的若干合唱曲完全背誦下來。於是，盧梭的音樂狂熱愈來愈激烈，到了最後，在烏拉夫人家中每個月都會舉行一次小型的演唱會。

如此一來，盧梭便不分晝夜地全心投入演唱會的事務，滿腦子都在想音樂，於是，原本一個不錯的書記工作也辭掉了。他在此一職位上做了八個月。他離職之後，接著立刻擔任音樂教師。由於他的年輕及英俊，總是被人奉承著，也教了許多盛裝、可愛的小姐們。此一時期，據盧梭自己說：「雖是一切依照自己的喜好而發展，卻沒有辜負自己期待的唯一時期。」

誘　惑

盧梭被奉承的那種情形是不尋常的。舉例來說，拉爾夫人便是那種情形。她的女兒是一位有如希臘雕刻的模特兒一般的美人，但在她的美麗之中，既無生命也無靈魂。她對各種美麗是無感覺的，而她所表現出來的冷淡及漠不關心，已到了令人無法置信的程度。拉爾夫人想給這個女孩找一個年輕的男老師，所以儘量讓她有所感覺，但一直未成功。

於是，在老師給予這位女孩刺激的時候，另一方面，夫人也頻頻向老師拋媚眼，大獻殷勤。不僅如此，夫人每次在迎接盧梭時，一定親吻他的嘴唇。而且夫人無論任何事情都很細心地關照他。盧梭因她這樣的做法而動心了。於是，盧梭便坦白地向烏拉夫人報告這件事。

盧梭認為拉爾夫人的態度有不尋常之處。而烏拉夫人方面也覺得自己長年一向在照顧的盧梭，應放棄此一工作，對於女性的教育還是親自來做比較好，她也認為自己必須保護盧梭，以免他陷入誘惑。於是，烏拉夫人想親自再使盧梭成為一個真正的男性。夫人終於將這樣的想法告訴盧梭。為了這件事，他給予盧梭八天的考慮時間。

烏拉夫人

在這段期間內，盧梭可以說是只感到厭惡

及恐怖。對盧梭來說，烏拉夫人是一個超越姊妹、母親、朋友、情人的一個人，他對她的感情是很複雜的，但夫人卻堅信，如果他不在自己身邊的話，自己是無法幸福的。此人陷入想要除掉所有其他的女性，而佔有盧梭的慾望之中。因此對盧梭來說，那天的來臨是一件非常痛苦的事。但他所懼怕的日子終於來臨了。盧梭對那一天的情景描寫如下：

「我第一次擁抱了女性的手臂。我被自己所熱愛的女性擁在懷裏。我是不是很幸福呢？不是的……。當時我的心情只覺得自己好像犯了近親相姦罪一般。」

當時，烏拉夫人的經濟狀況開始惡化，所以，給予他作為恩惠的年金並沒有以前那麼多，因利用她爛好人的個性而來向她索錢的人不少，才使夫人的家計日益陷入窘境。盧梭雖然想設法抑制浪費，但他的努力完全徒勞無益。當時在盧梭的腦海中閃現的是，以自己所喜歡的音樂安身立命。為此，他有必要向優秀的老師學習作曲法。

一七三四年六月，盧梭為了向布拉夏爾學習作曲而前往普若茲。老師很高興地迎接他，但為了一點點小事，他在海關被沒收了衣物等一切行李，暫時無法留在那裏，所以他又回到夫人身邊去。夫人彷彿他帶著寶物歸來似地迎接他。盧梭只一心熱愛著夫人，決定將自己交到命運的手上，關於將來的事，再也不想去操心。但夫人的家計愈來愈艱困。因此，他數度向夫人表明心意，希望她在支出上不要過於浪費，但那是徒勞無功的。為了散心而忘掉那種痛苦，盧梭便作一次小旅行。另外，在家中他也幫忙夫人製藥。這樣的生活持續了二、三年。

一七三七年六月，他想在西貝里製造感應墨水，但遭到了失敗，險些喪命。他的眼睛有超過六星期以上看不見。此時，他身體開始出現各種症狀、悸動、吐血、持續發燒。為了要治療疾病，他決定去鄉下休養。

兩人在拉夏爾麥茲特尋找合適的房子。那地方令人覺得是遠離人煙幾十公里的偏僻之處，既寂寞又不見人影。房子有一個包含假山的庭院，前面有田地，後面有果樹園，對面有栗樹林。就在附近有泉水湧出，而爬到小山上還有一個小牧場。在那裏的生活雖是短暫的，但卻非常幸福。

儘管如此，他並未恢復健康。有一天早上，他整個身體突然產生變化。悸動得怦怦跳，非常激烈。因此，之後他的耳朵在聽力上變得非常差，而且一直為失眠所苦。於是，他認為自己活不久了，而他下定決心，將所剩不多的生命儘量加以活用。以此體驗為契機，盧梭打開了他人生中一個新的境地。他如此說道：

「這次偶然發生的事件——這件事毀了我的肉體——但它只扼殺我的意志。我每天都向蒼天感謝。因為天賜給我的靈魂好的結果。當我變成一個幾乎已經死去的人時，才能說我開始活著。而讓我把即將放棄、沒有價值的事物看成真正沒有價值的事物，我想如此專心於更高尚的事。」

那是指宗教上的事而言，而且他也專心於閱讀科學及信仰的書籍。

盧梭從烏拉夫人身上發現了歷經死亡及其護靈魂所必要的東西，而此時他的心是沈著而平穩的。另外，他也閱讀了萊密神父所著的『科學談話』一書。盧梭說：

「是不是我覺得，應一直用功到我生命最後的時刻，或者，還有活下去的希望仍藏在我內心深處呢？雖然等待著死亡的來臨，但我想要研究的心情不僅未曾減退，看來似乎反而變得更加熱烈。」

那種情形，彷彿死後能看到那個世界的只有知識而已。他學習哲學，也研讀幾何學、拉丁語。在哲學方面，他閱讀了鮑爾・羅威塞的『理則學』、洛克的『人類悟性論』、馬爾布萊修、萊布尼茲、笛卡爾等人的書籍。讀了這些人的書之後，他經常覺得腦筋混亂。因此，他採用下面的方法，也就是說：「他對於作者的意見，既不加入自己的意見，也不加入其他著作的意見，更不去爭論，而完全服從著者。」關於此事，盧梭如此說道：

「無論是真或假，只要那是很清楚的事理，就暫且採用它，像這樣從各種觀念的累積開始。如此一來，將來想作比較或選擇時，它們將會派上用場。」

失意的盧梭

一七三七年的十一月十一日，盧梭前往莫貝里艾接受醫師的診斷。但當他再回到夫人身邊時，他發現他的地位已被人奪走。那裏有一位他所認識的青年。那位青年在盧梭不在時，成為夫人家中的中心人物，深受寵愛。盧梭的整個存在那麼迅速又那麼徹底地毀滅了。在一瞬間，他看到他原本所描繪的所有幸福遠景永遠消失了。盧梭責備那被夫人作為一個新的情人的青年。夫人以盧梭經常不在家又懶惰為由，而且他們兩人將會和以前一樣相愛，百般安撫他。但是，盧梭並不想和新來的青年共有夫人。

自從那時起，夫人的立場改變了，他將盧梭看成是一個真正的孩子，希望盧梭幸福。據盧梭說，在他的心中，不幸和道德同時萌芽，那是他在研究學問時所培養出來的。但是，這種情形反而使夫人對盧梭的態度更趨冷淡。因為他拒絕夫人，使夫人覺得被忽視了。

自從和烏拉夫人的愛情完全冷卻之後，盧梭覺得兩人在同一個屋簷下生活極為痛苦。他終於下定決心要離開夫人的家。對他這個計劃，夫人乾脆大表贊成。就在此時，住在固魯那布的狄巴先生，委請他去擔任住在里昂的英國馬布里先生的孩子的家庭教師。於是，盧梭便到里昂去了。他一點都不覺得有所遺憾，也毫不留戀。在馬布里先生家，他教了二個孩子。但是，情況進行得並不順利。他在那裏偷喝葡萄酒被人發現，由於實在太尷尬了，只好離開里昂。盧梭留在馬布里家大約有一年時間。

盧梭於是又回到夫人身邊去。然而，他感到往昔的幸福已經永遠消逝了。對這樣的他來說，書房成為他唯一可以紓解心情的地方。他在書房裏認真地考量，如何才能逃避已經可以預見的僵局，如何收拾和夫人這場戀情的殘局。

他想出了音譜的表記法，那是以數字將音階寫出來的方法。想到這個方法之後，他以為自己擁有了莫大的智慧財產，而他想用這個方法在巴黎獲得成功，以報答自己受過恩惠的烏拉夫人。他是如此熱切地盼望著，於是他前往巴黎。

巴黎時期

巴 黎

一七四二年八月，盧梭抵達巴黎。他投宿於靠近索爾波瑪附近一家名為沙卡達旅館。當時他所帶去的是現金十五魯伊，他所寫的喜劇『那色西斯』，他所發明的新音符法，以及幾封介紹信，僅此而已。那些介紹信一共三封。也就是薩維瓦的貴族塔姆蕊——他和盧梭以前的音樂學生馬特恩小姐結婚了——以及當時碑文院的書記包茲先生，還有包括鄭裘伊茲特的卡斯迪爾神父的信。

在信中，包茲先生把盧梭介紹給他的朋友，也就是科學院的會員雷歐繆爾先生。雷歐繆爾替盧梭將他的新發明交給科學院審查。

一七四二年八月二十二日，盧梭在科學院讀出他的『有關新音符的議案』，而接受審查員們所發出的各種質問，並一一加以回答。科學院依據審查的報告，賦予他加上了許多贊辭的證明書。但看得出來，那張證明書實際上並未認為他的發明是新的或有用的。這本書後來被出版了，但他的錢袋並未由於此書而稍微豐厚一些，可以說只在私人教授音樂方面有助於生活而已。

三十歲的他，在巴黎既身無分文，又極為寂寞、孤獨。儘管如此，他仍安心地生活。那或許是因為他以往所具有的個性使然。他在困窘的生活中，已經不太去拜訪人。此時，他只是偶爾去拜訪狄德羅等人而已。而他想一面在約克夏堡的公園散步，一面將華茲華斯等人的詩集背誦下來，或是下下西洋棋，每天就這樣過日子。在這段期間，他並未忘卻音樂。

此時，卡斯迪爾神父讓盧梭去接近布拉恩維爾夫人。卡斯迪爾對盧梭如此說道：

「因為音樂家、學者們都不願和你合作，所以你不妨改變初衷，去找女性看看。如此一來，可能就會進行得很順利。我已經把你的事告訴布拉恩維爾夫人，在她那裏你將會遇見她女兒布羅伊夫人。在巴黎，如果不依靠女性的話，那就什麼事都不能做。女性是一道曲線，而聰明的男性則是她們的漸進線。這些漸進線不斷地接近曲線，但絕不會碰在一起。」

於是，盧梭去拜訪了布拉恩維爾夫人，也遇見了布羅伊夫人，而獲得她們的同情。

當時，盧梭也正在接近狄奧巴夫人。她是那時候巴黎最美麗的女人，在她的周圍，有沙恩・畢艾爾、沙利爾、弗爾摩、貝爾尼斯、畢弗奧、威奧迪爾等人。但那樣華麗的沙龍，並不適合像盧梭之類的鄉下人去的地方。他在『新艾洛伊茲』中如此說道：

「我暗暗地以懷著恐懼的心踏入稱為社交界的廣大沙漠裏。這種混沌，只給予我被陰沈的沈默所支配的孤獨、恐怖而已。」

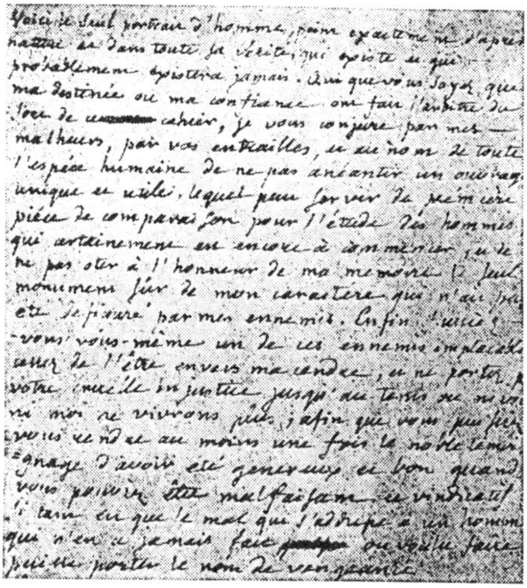
Voici le seul portrait d'homme, peint exactement d'après nature et dans toute sa vérité, qui existe et qui probablement existera jamais. Qui que vous soyez, que ma destinée ou ma confiance ont fait l'arbitre du sort de ce cahier, je vous conjure par mes malheurs, par vos entrailles, et au nom de toute l'espèce humaine de ne pas anéantir un ouvrage unique et utile, lequel peut servir de première pièce de comparaison pour l'étude des hommes, qui certainement est encore à commencer, et de ne pas ôter à l'honneur de ma mémoire le seul monument sûr de mon caractère qui n'ait pas été défiguré par mes ennemis. Enfin, fussiez-vous vous-même un de ces ennemis implacables, cessez de l'être envers ma cendre, et ne portez pas votre cruelle injustice jusqu'au temps où ni vous ni moi ne vivrons plus, afin que vous puissiez vous rendre au moins une fois le noble témoignage d'avoir été généreux et bon quand vous pouviez être malfaisant et vindicatif : si tant est que le mal qui s'adresse à un homme qui n'en a jamais fait ou voulu faire puisse porter le nom de vengeance.

伏爾泰寫給盧梭的第一封信

盧梭此時去觀賞羅維艾的歌劇『戀愛的力量』。他確信如果自己寫歌劇的話，也一樣能做得很好。

由於此一信心，他開始創作的歌劇便是『戀愛中的繆司們』。這部作品後來完成並上演，博得好評，但如後所述的，它也成為他不幸的原因。

前往威尼斯

一七四三年夏天，盧梭以法國大使莫秋葛伯爵秘書的身分前往威尼斯。那是布羅伊夫人替他引薦的職位，待遇是一千法郎。

莫狄葛伯爵是一位無能、偏狹又固執的人。他把所有的工作完全交給盧梭去做。盧梭十分熱心而公正地完成其職務，因此而受到許多人的尊敬。但是，莫狄葛大使無法給予盧梭正確的評價。在大使的周圍，有眾多騙子環繞著，而他們為了討好大使，將正直的館員趕得遠遠地。當然，盧梭也不例外。那是因為「正者的人光明正大的眼光經常讓騙徒們感到不安」。

盧梭辭去職務是約一年之後。當他從威尼斯啟程時，大使並未付給他薪俸。他回到巴黎是在翌年的十月，而盧梭辭職一事，幾乎全巴黎的人都知道了。大家都很同情他，雖然他曾經提出控訴，但關於未支付薪俸一事，完全交由大使去裁決。因為盧梭並非法國人，所以無法獲得國家的保護。

儘管他的訴願是正當的，但結果仍是徒勞無功，這件事使他心中產生對於當時無聊的社會制度的憤慨。雖然，這種憤慨沒有很快地擴大，不過，據說也成為他後來寫作『社會契約論』的遠因。

「在今天無聊的社會制度之下，對我來說，真正的公共的善和真正的正義經常是難以瞭解的，它們只是表面性的秩序的犧牲而已。而它們實際上也是破壞一切秩序的原因，甚且它只是強者對弱者的壓迫，以及公開地承認權威而已。」

無法結合的姻緣（和黛蕾茲邂逅）

從威尼斯再回到巴黎，盧梭感到依賴別人的不便，他下定決心，自此之後不要再依賴別人，而要以自己的才能獨立起來。當時，他已經開始瞭解到自己過去的才能是多麼微不足道，是不是一向高估了自己。

他住在以前住過的沙卡達旅館，在那裏，開始從事已著手但未完成的『戀愛中的繆司們』的作曲。按照盧梭的話來說，那裏的生活是「蒼天讓我在悲慘的境遇中所體會到的唯一的安慰在等待我」。他便靠著這一番體會才能忍受悲慘的境遇。而他自那時候起，生活的安慰換成了成為他忠實的妻子的女性黛蕾茲。

黛蕾茲當時是二十三歲。被旅館的老闆娘從故鄉歐爾雷亞帶到那裏工作。她的父親是歐爾雷亞造幣局的官吏，母親是商人。她的母親因丈夫失業及經商不善而到巴黎去，所以由女兒黛蕾茲外出工作來維持生計。黛蕾茲在旅館的餐桌上看見盧梭。她是一位內向、純樸，又不會裝模作樣的女孩。在餐桌上，有一些下流的客人在調戲黛蕾茲。盧梭覺得她很可憐，在這樣的客人中，只有他一人能幫助並安慰黛蕾茲。盧梭對待黛蕾茲體貼的態度，引起老闆娘的反感，結果，老闆娘很粗暴地支使黛蕾茲工作，未料反而因此使他們兩人更加接近。

對盧梭來說，他覺得黛蕾茲就好像烏拉夫人一樣。自從和夫人分手之後，他一直感到十分孤獨，他的心空虛之至。而此時能安慰、滿足其心靈的人便是黛蕾茲。於是盧梭以「絕不遺棄也不結婚」為條件，兩人開始同居。第二年，黛蕾茲生下了第一個孩子。

黛蕾茲是無知的，她只有勉強能寫幾個字的程度，不會讀數字，也不會看時鐘，更不會算帳。她所說的話，經常和她本來的意思相反。儘管如此，當盧梭陷入困難之際，她是一位很優秀的忠告者，給予他不錯的建議。盧梭說，自己就是因為有了這樣的黛蕾茲，所以能儘可能使人生獲得幸福。

相較於純真的黛蕾茲，她的母親正好相反，她非常貪婪，且動輒傷害兩人的關係。但不久之後，盧梭就開始變成非養黛蕾絲的母親及幾個親戚不可。

盧梭得到黛蕾茲，而完全穩定之後完成歌劇是不到三個月的事。接下來的工作便是如何利用這部作品。他委託莫拉的擁護者拉•包布里艾爾先生傳話，請莫拉聆聽作品的一部份。莫拉聽完之後批評說：「剛才所聽到的部份是一位完完全全的音樂家製作的，但其他的音樂卻是不懂音樂的人所作的。」他的評判也傳到里修里約公爵那裏去，而因為風評不錯，所以這位公爵說：「希望能在凡爾賽宮上演。」結果，雖未實現這個計劃，但以此為契機，當由莫拉和伏爾泰合作的歌劇『那維爾公主』被改編為『萊繆的喜宴』時，里修里約公爵便認為作曲、作詞兩者都應委託盧梭去作。

盧梭花了大約二個月的時間就完成了，並獲得好評，但作者盧梭的名字完全被忽略了。原因在於，盧梭可以說頓時成為莫拉的最佳勁敵，同時，他也是一個日內瓦人，這兩點拉•包布尼艾爾夫人都不喜歡。

盧梭當時的生活是窮困的。黛蕾茲的母親由於盧梭的照顧而開始能過好一點的生活，但她立刻把她的兒子、女兒甚至連孫子、孫女都叫來，一家人在那裏吃住。即使是盧梭給黛蕾茲一點小東西，也幾乎全都被這些人偷走，而就在此時，盧梭過世的父親所留下的遺產很快地便用光了。於是，盧梭不得不去賺取更多的生活費。因此，他把他的小喜劇『那色西斯』拿到歌劇院。然而，作品雖被採用了，卻始終沒有上演，他只是被允許免費進歌劇院而已。束手無策的盧梭，除了依靠塔約巴夫人和她的女婿弗蘭克威約先生之外，別無他法。盧梭擔任類似他們的共同秘書的工作，才勉強得以餬口。

一七四七年夏末，盧梭由塔約巴夫人帶領到靠近特維雷姆州的西艾河的秀納索宮殿去，享受一頓山珍海味的招待。但這段期間內，仍留在巴黎的黛蕾茲肚子一天天地大起來。她再度懷孕了。以盧梭當時的境遇來說，這是非常傷腦筋的。盧梭下定決心，把這個孩子和第一個孩子送到孤兒院去，以解決困境。

盧梭和黛蕾茲於一七四五年同居，四六年的年底便生下第一個孩子，據說自那時候起至五三年左右，他們已經擁有五個孩子。但是，他把孩子全部送到孤兒院。據說，以當時而言這是非常普通的。例如，一七四五年時在巴黎即有三千三百三十四個被遺棄的孩子，而且這種情形可以說每年都有增無減。因為丟棄孩子在當時是一件普通的事，所以，盧梭也許只是依照一般的習慣去做而已。盧梭的生活非常困苦，但由於許多人來寄宿，家中養了一大批食客，所以他們的家境相當惡劣。據盧梭自己的說法，他只是為了避免這種情形影響孩子，才選上孤兒院一途。也就是說，那是最危險的養育法，但他不得不如此做。就這樣，盧梭毫不猶豫地把他的孩子一個個地遺棄了。後來，他認為如此做確實是錯誤。這一點，從他後來寫給盧森堡夫人的信中所說的話便可瞭解到，他說道：

「有關充滿在我心中的錯誤想法，讓我在擬訂計劃寫作『愛彌兒』時獲益不少，真是貢獻良多。就像將在『愛彌兒』第一卷中所闡述的這個主題……。」

關於盧梭提及的『愛彌兒』裏的那段話，內容如下：

「無法善盡父親義務的人，就沒有權利當父親。沒有任何貧困、工作、體面等因素可以免除父親親自教養其子女的責任。讀者們請相信我的話吧。我向雖有情但怠忽其神聖義務的人，作如下的預言：那樣的人將會為了他們的過失而流下痛苦的眼淚，而且也將無法醫治痛苦的心。」

這或許是盧梭赤裸裸、毫無虛偽的心情吧。

遲來的覺醒

盧梭自維也納回到巴黎之後，便開始和狄德羅密切地聯繫往來。他和狄德羅的年紀只相差一歲，兩人又都非常貧困。盧梭有一個名叫黛蕾茲的女伴，而狄德羅則有一個名叫娜妮特的粗俗女伴。她是連黛蕾茲都比不上的女人，不過，盧梭和狄德羅之間倒是有著各種共同點，這些共同點將他們兩人聯結在一起。

在此之際，盧梭也認識了柯狄耶克。盧梭在此期間全和「百科全書派」的學者們交往。而狄德羅也委請盧梭撰述『百科全書』音樂的部份。當時，世間只在音樂上認識盧梭，反而忽略他在文學上的才華。

一七四九年，狄德羅以匿名公開了『盲人書簡』，但因為被認為是提倡無神論，所以，他在七月一日被關進維亞塞奴監獄。對盧梭來說，這是幾乎會讓他發瘋那麼大的打擊。狄德羅被關了一百天就從監獄放出來，他被允許在維亞塞奴城的公園中和友人見面。盧梭每天都走上八公里的路去和他見面。

有一天，他在途中從口袋裏拿出一本雜誌，偶然看到狄德羅的論文，他以「學問及藝術的復興使習俗腐敗抑或變好」為主題，徵求有獎論文。這件事便為盧梭的人生帶來一大轉變的契機。盧梭說道：「當我讀到那則啟事的瞬間，我看到另外一個世間，而我也已成為另外一個人。」在一七六二年一月十二日寫給馬爾雷爾布的信中，盧梭將當時的心情說明如下：「如果有類似突然的事件，那就是讀到它時在我心中所產生的衝動。」可見它的衝擊不小，而他不得不休息了三十分鐘之久。在樹下，他唸草草寫就的「fabrikiws論文」給狄德羅聽。這篇論文後來收入『學問藝術論』之中，並成為盧梭思想的根本。狄德羅勸他發展此一想法再寫論文。

盧梭在失眠的夜晚寫論文。論文中他闡述了藝術及學問的發展造成靈魂的墮落及腐敗的想法。而這篇論文在一七五〇年夏天，三十八歲時，他已經遺忘時才入選，他得到通知有些啼笑皆非。聽到這件事時，盧梭說道：

「這個通知，使我興起寫啟示性論文的想法，以新的量賦予它活力。……當時我認為，沒有任何事是比超越財富、世間評論，以及有自由、有道德、自足更偉大的。」

於是，盧梭的生活已有了決定性的方向。

這篇論文，引起各種不同的爭議。其中，包括了波蘭的史達司拉斯國王。國王針對盧梭所提出反駁的論文，很明顯地可看到姆努神父的一部法想法。盧梭毫不留餘地反駁該部份。據盧梭說，那件事在「有機會讓大眾知道，個人如何如何為了真理而從君主本身去擁護真理」這一點上，具有極大意義。也就是說，真理是得自君主的。

著作的時代

新　生

『學問藝術論』的入選，使過去對自己的價值毫無自信的盧梭，完全擁有自信。他小時候讀過的書及父親給他植下的英雄主義、有德的想法，在他心中開始發芽了。成為其論文「母胎」的，是幼年時所研讀過的那些道理。而那些事理現在已經被喚醒，開始變得有生命、有活力，是那麼真實。現在的他，已經完全放棄成為富翁、發跡、出人頭地的念頭，他下定決心要在獨立及貧困之中度過所剩不多的人生。他認為，首先應放棄在弗蘭克威約那裏的地位。但是，即使要擔任也必須餬口，日子仍要過下去。因此，他想到以每頁計酬的方式為人抄寫樂譜。他把自己的決心寫在信上告知弗蘭克威約先生，但先生根本無法瞭解盧梭信中的意思，誤以為盧梭已經發瘋了，弗蘭克威約甚至到處去告訴大家這件事。

盧梭就這樣獲得獨立及自由。他脫掉昂貴的衣服，也脫掉白色的長襪，並丟棄配劍，把手錶賣掉。因為現在已經完全自由而沒有必要知道時間。

然而，他所選擇的自由生活方式，也並不如想像中那麼舒適。原因在於他成為有名人物。而他所採取的生活方式，引起大家的興趣，每個人都很想瞭解，不求任何人的援助，而以獨自的方法自由自在地生活，除了幸福之外，什麼都不想的這個與眾不同的男人。因此，盧梭的訪客愈來愈多，他也似乎愈來愈無法追求幸福。

一七五二年的春天，盧梭前往貝西。因為當時他的健康情況不佳，碰巧聽繆塞爾先生說，貝西的水有助於健康。在那裏他寫了『村莊的占卜者』，於此年的十月在國王面前公演，廣獲好評。結果，盧梭變得更加有名，國王已經決定對他此次的成功賜予年金。而國王為此要盧梭去謁見他，但盧梭並未依約前往。他沒有去的原因之一，是由於盧梭不擅於交際應酬。

他原本就有泌尿系統的宿疾，常常想要小解。這使他遠離社交界，所以關於拜謁國王這件事，只要一想到自己難以啟齒的老毛病，他就覺得十分痛苦。而且對於是否能和國王好好地談話，他心中也忐忑不安。還有，他之所以未去謁見國王的另一個原因，也是因為他想避開藉著獲得年金而受到束縛。盧梭就是害怕拿到年金的結果：喪失獨立及自由。於是他拒絕接受年金。

盧梭所採取的態度，受到很多人士的激烈非難。連狄德羅也責備盧梭。黛蕾茲說，為了母親和她，不應該拒絕年金。兩人為了這件事引起了極大的爭執。而這件事也成為他們兩人關係惡化的原因。

當時，發生了可能使盧梭被驅逐出巴黎的事。此事的起因在於『村莊的占卜者』即將上演的前夕，義大利的小丑們也在義大利歌劇院上演義大利歌劇，和法國歌劇同時上演的結果，必然導致兩者的比較。而最後只讓人們瞭解到，法國歌劇沒有價值。但是，在這樣的情勢下，只有『村莊的占卜者』具有足以和義大利相匹敵的魅力，可以互相抗衡。由於此次的機會，在法國音樂界分成支持法國音樂的一群，以及支持義大利音樂的一群，形成一大騷動。站在法國音樂陣營的那些人，有不少是已有權力的人或富豪。在這樣的情況之中，盧梭寫了一篇「有關法國音樂的信」，敘述義大利語是多麼適合於歌曲。而這封信刺激了許多法國音樂的支持者，盧梭也因此而遭受各種迫害。將歌劇院變成屬於市有之後，盧梭以自己作品交換而來的終身免費入場權，就隨之被剝奪了。

在歌劇院上演『村莊的占卜者』的同時，在法國喜劇院也上演由夏爾麥特作曲的盧梭作品『那色西斯』。不過，作者是用匿名方式。雖然那次演出失敗了，但不久之後，盧梭將它加上序文印刷出來。在那篇序文裏，他進一步清清楚楚地闡述他在『學問藝術論』中所發展出來的想法。而這些想法之後在『人類不平等起源論』中被進一步發展為新的想法。『人類不平等起源論』是以一七五三年時「人類不平等的起源為何？」為主題的有獎徵文為契機而產生的。

他為了寫這一篇論文，還到沙・傑爾瑪去，並在當地逗留了一星期，但在那裏是他一生中最快樂的時期之一。在那裏，他到森林中一邊散步一邊思考，完全徜徉於自然之中，他如此說道：

「我在那裏追求太古的蹤跡，並發現有趣的事。而我覺得很得意地探索著歷史。我將人類小的虛構全都滅絕了，我故意清楚地揭露他們的本性，而依照時代及一直被人類所扭曲的事物的進步，並比較人為的人和自然的人，想藉此在所謂的進步的完整中，向他們展示人們悲慘的真正原因。我的靈魂被崇高的冥想所提升，升高至與接近神。從那裏看到我的同胞，走著偏見、不幸、罪惡、殘酷這些盲目的道路，而我以他們幾乎聽不到的微弱向他們吶喊：『不斷對自然表達不滿的眾多沒有分辨力的人們，你們要領悟：你們一切的不幸都是由你們本身所產生的！』」

以這樣的想法為基礎，盧梭的『人類不平等起源論』終於誕生了。

這一星期的逗留，給他的健康帶來良好的影響。從沙・傑爾瑪回去之後，他已經比以往更有體力。自那時候起，他開始過著不看醫生也不服藥，無論治癒或死去也要讓疾病自動消失的自由自在生活，顯得精神奕奕。另外，巴黎的喧鬧並不適合他，這一點使他熱切期盼能住在鄉村，過安寧的生活。

共和黨（前往日內瓦）

一七五四年六月一日，盧梭帶著黛蕾茲前往日內瓦。那是因為他被共和的政治體制所吸引。在那裏他非常受歡迎，他愈來愈傾向於愛國熱潮。這一點從盧梭寫給狄約巴夫人的信中便可瞭解：

「有一件確實無疑的事，那就是對我來說日內瓦是世界上最有魅力的城市。……在那裏，自由完全確立了。政治很穩定，市民接受教育，很堅定的謹慎，使他們喜歡思考，也認識自己的權利，並勇敢地主張應有的權利，且尊重別人的權利。」

於是，盧梭對共和制的熱衷日益升高，同時，他覺得由於自己的宗教信仰不同於祖先的關係，結果無法獲得他美好祖國的市民權，這是一種恥辱。因此，他下定決心要明快地改信宗教。當時盧梭的想法如下：

「我判斷對有理性的人來說，成為天主教徒沒有第二個方法，同時，也判斷形式上及宗規上的各種事項，是屬於各國法律的領域之內。……如果我想成為市民的話，就必須成為新教徒。然而，我必須恢復我在祖國所建立的宗教。」

「福音書對所有的天主教徒來說都是一樣的。……規定禮拜及超越理解範圍的教義，只是屬於個別的主權罷了。因此，承認教義、服從法律的規定，認真作禮拜，是作為一個市民的義務。」

於是，他改信宗教而終於能成為日內瓦的市民。而他也回到巴黎去，將家庭整頓好，也替黛蕾茲的父母安排好生活，之後他想再回到日內瓦去。

據說，盧梭在日內瓦滯留了四個月，十月時他回到巴黎，且翌年的春天，他預定回到日內瓦去。因此，那段期間他在巴黎的工作便是看『人類不平等起源論』的校對稿。此書預定在荷蘭印刷，由雷伊出版社出版。當時盧梭想著，當此書出版時，他題給日內瓦共和國的獻辭也許日內瓦的人們並不會喜歡，所以，他想先看看會造成何種回響之後再回到日內瓦。而事實上，回響並不佳。雖然此書是以最純粹的愛國心寫成的，但日內瓦的人們不能瞭解。由於此書，盧梭所獲得的是「除了心靈上的滿足之外只有市民資格」，但後來『愛彌兒』出版時，日內瓦政府當局認為有問題，他終於連市民的資格也被剝奪了。

隱遁生活

盧梭前到日內瓦過著隱遁的生活，並不僅僅是因為『人類不平等起源論』的回響不佳的緣故。還有另一個原因，就是狄畢娜夫人提供給他一間名為「隱者之庵」的小屋，夫人想要身旁有一位名人。那間小屋位於莫恩莫拉西伊森林附近。當要他住在那裏時，他非常迷惑，猶豫良久。但當時威爾第也開始居住於該地。

這件事使盧梭決定性地放棄想前往日內瓦隱居的決心。因為對於威爾第這個人，兩人已經在巴黎時期為了歌劇的上演而發生不愉快的事，兩人的感情並不融洽。雖然他對威爾第的印象不佳，但他送給威爾第一本『人類不平等起源論』。威爾第對於尊重自然這一點，特別諷刺地說：「當人想由人變成獸時，並沒有那麼費神，但當人閱讀著作時，將會想要以四隻腳走路。」

一七五六年四月九日，盧梭移居「隱者之庵」。他當時已經下定決心，再也不要住在都市裏。除了盧梭之外，還有黛蕾絲和她的母親兩人同行。關於在該地的生活，盧梭在寫給馬爾拉爾布的信中說道：「一七五六年四月九日，我終於開始活起來了。」盧梭是在美麗的田園生活發現了真正的生活。他又說：「我覺得我是為了隱遁及田園而活下來的人。」

當他住慣了新居之後，也開始想工作了。他有一些尚未完成的工作。其中之一是『政治制度論』。那是他最早構思的一本書，也是他認為要用一輩子去作的工作。但是，這本書後來並未出版，而其中的一部份成為『社會契約論』。

盧梭當時計劃中的第二件工作，是沙・畢艾爾的著作的節錄。而他當作第三件工作的是『感覺性的道德或賢者的唯物論』。據盧梭說，這本書應該能成為提供給人類最有益的書籍之一，但終究沒有寫出來。進而他也正在思考狄約巴夫人委請他寫的有關教育體系的書。

這些著作，成為他在該地散步時的主題。因為他只能邊走邊想的緣故，借用盧梭所說過的話：「我的頭腦和我的腳一起動。」但是，下雨天我也有在書房裏作的工作，那就是『音樂辭典』的編輯工作，而這本書的出版卻在約十年後的一七六七年。

在「隱者之庵」的生活，絕不是穩定而自由的。首先，由於狄畢娜夫人對他有恩，所以，他對夫人有義。只要夫人傳喚他去，他就必須立刻到夫人面前。因為莫恩莫拉西伊距離巴黎只有十六公里而已，所以一些閒來無事的人會隨時前來，為了招待他們，他花了不少時間。盧梭說：「隱者之庵並不是天堂」有時也為此而嘆息不已。

隱者之庵

黃昏之戀

當時他已經四十五歲。他自己感到人生的盡頭已經接近了。這樣的時候，更衝擊著他，使他有更多的想法。據盧梭說：「那是我從未滿足過的想法愛別人的慾望，而只為了那樣的慾求，幾乎焚身，而這種很熱烈的愛慾之火，看到我已經到了老邁之境的關口，且在眼前看到我從未活過便熄滅了。」

對盧梭來說，活著便是愛。人生中無論獲得多高的名聲，無論有多少財產，或者建立了多麼偉大的學問體系，如果沒有真愛，就不能說是過著真正的人生，這是蘊涵許多真理的一句話。

盧梭到此時為止，從未真正愛過，不曾擁有足以說自己真正活過的愛情——在他的心中，官能上都是很豐富的愛——但他從未實際體驗過。當他想到自己竟然不懂得愛，迷迷糊糊地度過戀愛的時期而死去時，他會感到非常絕望，並將為了這種悲哀的想法而嘆息自己的時運不濟，或是不顧一切去冒險，甚或以空想來填滿空虛。盧梭對黛蕾茲雖未感到真正的滿意，但仍愛著她，他自然不願攪亂家庭的平和。因此，他想在空想的世界裏求得滿足。

在這種情況下，一年之中最美麗的時候便是在六月的樹蔭下沈溺於空想。而那些想法後來有了結晶，成為『新艾洛伊茲』，而當他沈溺於這樣的空想之際，杜威都特夫人突然來訪。杜威都特夫人是狄畢娜夫人的表妹，盧梭和杜威都特夫人在她仍是女孩的時代即相識，當她結婚之後，兩人一起在宴會中度過數日。她的丈夫是憲兵隊隊長，她有一位名叫沙・拉貝爾的情人。因為盧梭也是此人的朋友，夫人前來通知盧梭此人的消息。

當杜威都特夫人第二次來找他時，夫人的心已經完全被盧梭偷走了。這件事在盧梭的一生中可以說第一次也是唯一的戀愛。而且對盧梭來說，此次的戀情雖是永遠應該紀念的，但回憶起來它也是可怕的。

據盧梭說，當時杜威都特夫人年近三十。她雖然不是一位美女，但有一種年輕氣息，她的表情生動活潑，柔和而溫柔。另外，她也是不說別人壞話的人，可以說具有宛如天使一般性格的女性。在幻想中沈迷於戀愛對象的盧梭，由於陶醉在愛情的浪漫氣氛之中，因此眼睛完全被蒙蔽了，此時出現在他眼前的便是杜威都特夫人。對盧梭來說，此次盲目的愛情就變成沒有對象的戀愛出現了對象。自然地，這位夫人就成為他戀愛的對象而固定下來。

夫人很熱情地談論著她的情人。盧梭從這樣的夫人身上，看見了『新艾洛伊茲』的女主角西蘿茱莉的雛型。盧梭一聽到夫人所說的話，又想回到夫人身邊，在她身邊，他感到在其他女性身邊從未感到的一種顫抖。盧梭終於覺得非將這種感受向夫人告白不可。坦然告白之後，盧梭就覺得輕鬆多了。撇開盧梭的告白不談，戀愛這種東西，在當讓人產生愛戀之情的人明白自己的心意之後，痛苦就會減半。但是，聽到盧梭有如發狂一般的告白時，夫人只是很可憐他而已。夫人是十分寬裕的，等盧梭再度恢復理性時，夫人便和他溝通。他們三人之間形成一種特殊的親密感而愉快地交往。

夫人當時愛著沙・拉貝爾，因此，情況只是盧梭自己的單戀。然而，夫人非常尊重盧梭，也對他有相當的好感。所以，後來夫人和盧梭彼此都很頻繁地訪視對方。夫人在友情的範圍內所能給予的全都給了盧梭。

有一天，盧梭去探訪夫人。當時，夫人的丈夫及愛人都到遠方去了。兩人坐在院子的刺槐樹下交談著。盧梭以合於情境的美麗告辭說出心中的感動。月亮也很美，盧梭完全陶醉了，他不禁俯在夫人的膝上流下眼淚。夫人也感動得流下眼淚，她彷佛吶喊似地說：

「沒有一個像你這樣貼體的人，也從未有像你這樣溫柔地愛過我的情人。然而，你的朋友沙・拉貝爾正在聽我們所說的話。我心無法愛二次。」

聽到夫人這麼說，盧梭嘆息地擁抱夫人。於是，一切就如此結束。對盧梭來說，這段戀情是他一生中唯一的一次，但最後失戀以終。盧梭終於無法擁有他視為理想的戀情。

兩人經常在狄畢娜夫人眼睛看得見的地方交談，而這種情形使狄畢娜深感不悅，因為她覺得自己被忽略了。夫人寫信給沙・拉貝爾，告訴他們兩人的事，也唆使黛蕾茲偷取杜威都特夫人寫給盧梭的信。於是，盧梭和狄畢娜夫人兩人的關係變得不和睦。而且後來狄畢娜夫人由於疾病必須前往日內瓦的醫師處，她要求盧梭同行，但盧梭拒絕了。此事成為他們兩人之關係的決定性原因。而此事同時也使他和朋友顧里姆、狄德羅之間的關係日益險惡。因為顧里姆及狄德羅都站在狄畢娜夫人那一邊。

一七五七年十二月十五日，盧梭離開「隱者之庵」。因為很幸運地，代理柯代公爵財務的馬斯達先生，要租給他所有的位於莫恩莫拉西伊的摩路易的庭園小屋。那間房屋的大小正好夠他和黛蕾茲兩居住之用，因此，黛蕾茲就利用機會讓母親一人住在巴黎。於是，盧梭終於擺脫了長年以來使他深為苦惱的她。但在新居定居下來之後，他的身體被激烈的尿路閉塞及疝氣所苦，一七五八年，即使氣候轉佳，他也無法恢復健康，盧梭就這樣在日漸衰弱中度日。

盧梭的孤立與『給塔拉貝爾的信』

他寫『給塔拉貝爾的信』是一七五八年三月，而此事成為他為和百科全書那一夥人關係不和睦的決定性契機。當時，盧梭已和狄德羅不和。不過，盧梭永遠相信狄德羅甚於顧里姆，可是盧梭不顧為了『百科全書』正傾注全力的狄德羅，而獨自離開了巴黎。對於這一點，狄德羅心中十分不悅。因此，狄德羅在其所著的『私生子』中寫道：「只有壞人才會獨自一人。」以此諷刺盧梭住在鄉下。狄德羅是無法瞭解盧梭追求孤獨的心情的。他之所以如此做，除了他本身的性格之外，也有大部份是因為他有尿路閉塞之疾的緣故。

狄德羅想讓黛蕾茲和她的母親回到巴黎，設法使她們離開盧梭而傷腦筋，而顧里姆也參與了此事。這樣對盧梭用計加害，如果說原因在於無聊、單純的感情因素也不為過，可是它還是不能排除思想上的對立此一因素。

塔拉貝爾

有關戲劇的『給塔拉貝爾的信』，是使他們形成對立的決定性原因。一七五七年末出版的『百科全書』第七卷中，塔拉貝爾負責「日內瓦」一項的撰述，而其中也敘述了關於在日內瓦建造劇場的目的。培拉貝爾是伏爾泰的忠實信奉者，由於伏爾泰的推薦，他才得以撰述此一部份。但是，自從伏爾泰很嚴厲地批評盧梭的『人類不平等起源論』之後，盧梭和伏爾泰兩人便開始對立。因此，『給塔拉貝爾的信』也是對於伏爾泰的批判。而對於這件事，伏爾泰在一七五九年的『卡大多』中回答其看法。

塔拉貝爾在「日內瓦」一項中敘述，日內瓦自卡大多以來便因禁止而沒有劇場，實在十分可惜。前面說過，盧梭在寫歌劇，而以日內瓦的一名市民的身分而言，也有必要回答他這件事。據盧梭說，戲劇是一種最高的藝術，同時它也是最危險的一件事。因為盧梭不僅沒有和情念相抗衡，反而可以說是向情念獻媚。也就是說，他使惡德成為應該去愛的東西，而使美德成為可笑的東西。於是，他認為在自己的祖國建造劇場會使日內瓦的道德標準面臨考驗，十分危險，一切美德都會被破壞掉。

而且在他的序文中對狄德羅作了絕交的宣告，他寫道：「我過去有很嚴格而具分辨力的評審（雖嚴苛但很公正的批評家），但現在已經沒有那樣的人，也不想有那樣的人。」他片面宣佈絕交，就這樣盧梭離開了顧里姆、狄德羅及伏爾泰等人，而完全孤立起來。在一七六〇年六月十七日寫給伏爾泰的信中，盧梭甚至說道：「我討厭就這樣和朋友們鬧僵，但我討厭你！」

和朋友們斷交的他，在莫恩莫拉西伊特別和柳克沙布將軍及其夫人交往。將軍在莫恩莫拉西伊有一棟別墅，一年之中大約會來二次而逗留五、六星期。盧梭生性不喜歡交際，但將軍親自來拜訪，所以，他們就開始交往。將軍對盧梭很有好感。在和這位將軍交往的期間，他完成了『新艾洛伊茲』，也完成了『社會契約論』，更進一步進行『愛彌兒』的寫作。

『新艾洛伊茲』出版的時間是一七六一年的一月，而他在「告白」中如此談及這件事：

「我以最會奪走靈魂的那種影像，在幻想中描繪我心中的兩個偶像，也就是戀愛及友情。我把這些想法用經常憧憬著的女性所具有的一切魅力去裝飾，以此來享受。與其說我是想像兩個男友，還不如說想像兩個女友。因為那種例子非常希罕，也比較可愛。我給他們相似卻不同的性格，還賦予他們雖不完美但符合我所喜好的親切、體貼等樣貌。我使其中一個有褐色的頭髮，另一個則具有金色的頭髮。也使其中一個活潑，另一個溫馴，而且其中一個聰明，另一個比較差勁。……而我賦予這兩人中的一人情人，使另一個成為他溫柔的女性朋友——不，應該說超過女性朋友的人。我愛上了這兩個有魅力的模特兒，讓我儘可能很像這個情人、朋友。」

如此描寫的『新艾洛伊茲』，博得非凡的好評。這本書在當時成為暢銷書。在一八〇〇年之前一共重印了七十九版，完全迷住了人們的心。據盧梭說：「女性們尤其熱衷於這本書及它的作者。」

『社會契約論』於一七六二年四月出版。那是因為『政治制度論』不知要花上幾年才能完成，完全無法預計，所以，他抽出其中一部份先完成。這本『政治制度論』，是以前他在威尼斯時，看到著名而評價頗高的威尼斯政體的缺陷所想到的。盧梭描述當時的情況如下：

「自那時候起，我的視野在道德的歷史研究變得十分廣闊，我知道一切事情在根本上都和政治有關。我也知道，無論是使用任何方法，任何國民最後也不過是該體制的性質所造出來的。」

於是，『社會契約論』問市了，而引起更大問題的是『愛彌兒』。『愛彌兒』是於一七六二年五月出版的。

逃亡的時期

逮捕狀

盧梭以『社會契約論』、『愛彌兒』獲得作為一個思想家不可動搖的地位，然而這本『愛彌兒』也導致他的不幸。當時，在法國如果對於政治及宗教發表自由的想法就會受到迫害的情形時有所聞。所以，為了避免這種情形，書籍就必須在外國出版，或是以匿名的方式發表，此外別無他法。反對天主教義而主張自然宗教的盧梭，對於此事非常神經質，也很不滿。

但是，由於『愛彌兒』這本書受柳克沙布將軍夫婦及馬爾拉布長官的建議，因此便在荷蘭及巴黎印刷。這本書在印刷之前被中斷了數次，而令人覺得有暴風雨即將來臨的預兆。事實上，當『愛彌兒』公開刊行之後就引起極大的回響。作者會受到壓制的開始傳到盧梭耳裏。也開始聽見有人說「必須將書全部燒掉」之類的話。數日之後，盧梭接到柳克沙布將軍通知他的消息說，高等法院以嚴重的罪名起訴，即日就要發出逮捕狀。那是柳克沙布將軍從顧里姆的朋友及狄畢娜夫人那兒收到的逮捕狀。對盧梭發出逮捕狀的時間是一七六二年六月九日，而前一夜當他上床不久之後，柳克沙布的僕人同時送來了柯基大公和將軍夫人的信。大公的信內容如下：

「騷動已經達到極點。現在已經無法避免被逮捕了。宮廷要求高等法院，而高等法院也想逮捕他。早上七點發出逮捕狀，為了要逮捕他，將立刻派人前去。也得到消息說，如果他到遠處去就不會去追捕他。」

半夜二點，他立刻穿好衣服到將軍夫人那兒商討對策。將軍及將軍夫人也來了。他們提出各種建議，盧梭決定立刻離開那裏。那是最不會給將軍夫婦帶來麻煩的方法。他開始整理原稿及書籍，但無法全部整理好。剩下的東西，將軍答應替他保管。黛蕾茲來了，盧梭決定讓黛蕾茲留下，因為他有必要讓她整理財產。將軍替他準備馬車，並將他送到馬車所在之處。

一七六二年六月十四日，他抵達伊威多。在那裏他獲得羅康的照顧。盧梭說他很想到自由之地日內瓦去。然而，日內瓦也在六月十九日對他發出逮捕狀，而『愛彌兒』及『社會契約論』則被燒掉。

「這兩個判決，比過去前所未有的例子情況更為激烈，在全歐洲成為對我發出的呼喚、詛咒的訊號。……人們完全不信任我，當時我被視為一個無神論者、狂人、狂熱份子、猛獸、野狼。」

盧梭對於這兩份逮捕狀說了如上的話。

盧梭有一度決心想留在伊威多，但想要迫害盧梭的狂風暴雨經由貝爾奴已到達伊威多。法官放逐盧梭的命令於七月初旬送達該地。

前往莫奇艾

羅康的姪女波娃・德・拉・特維爾夫人提供她女兒位於莫奇艾村的房子。那裏是普魯士的領土。當時是腓特烈二世的治世。盧梭不太喜歡腓特烈二世。因為盧梭認為，國王似乎忽略了對自然法及人類一切義務的尊敬。而且在『愛彌兒』這本書中，他也敘述了此一想法。但是，他仍然決心居住在普魯士的領地之內。因為雖然在當地一切都要依照國王的意思行事，但他對這種情形並未感到危險。盧梭相信腓特烈二世是寬大的。

當他抵達位於奴夏第爾附近的莫奇艾時，盧梭立刻寫信給吉斯卿，告訴他自己會隱退於普魯士王的領土內，請他保護自己。吉斯給他的回答是非常寬大的。而接到吉斯報告的國王，對盧梭的隱遁給予保證。然後，盧梭就叫黛蕾茲前來。於是，他終於能找到短暫平靜的生活。

盧梭知道「在女性及母親中最好的」的烏拉夫人的死訊，是此年十月。關於她的死，盧梭如此說道：「如果我覺得在來世無法見到她，那麼，我所缺乏的想像力，將會拒絕我在那裏所描繪的完整幸福的觀念。」

盧梭和夫人最後一次見面是他一七五四年前往日內瓦的途中，當時夫人已經非常衰弱。要救夫人只有一條路，那就是收容夫人和她一起生活，和夫人命運與共。但對於這一點夫人堅決不答應。於是，他和夫人別離了，但盧梭對於此事的後悔程度，是他一生中最劇烈、持續最久的。而關於他受到的痛苦的迫害，他也認為那是自己對夫人忘恩負義理所當然的報應。

當盧梭在莫奇艾過著平靜的生活之際，迫害的波浪仍一步一步地向他湧來。因為法國將盧梭放逐到奴夏第，所以一般民眾、牧師及官吏也都開始認為他們應該詛咒，必須給予他各種迫害。此時，巴黎的天主教在教會課本中說『愛彌兒』違反天主教的教義，將其中的若干點明示出來。對盧梭來說，這是非常悲哀的。

對於此事，盧梭反駁如下：

「我拒絕人的權威，我只在認為此人是真理的範圍內才想服從人的模式。」

這封信毋寧說是擁護新教徒的，但在日內瓦反而被人們以敵意對待。盧梭原本期待日內瓦會引起擁護他的輿論，但最後輿論終於沒有形成。盧梭完全地失望了，他下定決心要永久放棄祖國日內瓦，而寫信通知那一年的第一理事者此事。那是一七六三年五月十二日，充滿了悲壯的氣氛。盧梭如此寫道：

「即使是我的祖國變成我的外國，也並非祖國對我而言是無所謂的。我由於祖國令人懷念而心繫於她，我所忘記的只有她給予我的侮辱而已。」

盧梭穿著亞美尼亞風的服裝

盧梭所採取的最後手段，是讓日內瓦的市民覺醒，但為時已晚。市民的抗議被那一年夏末特洛夏所著的『來自原野的信』哄騙了，而完全變得沈默。對於此事，盧梭寫了『來自山林的信』予以回應。這篇文章於一七六四年十二月出版了，在此書中，他也攻擊日內瓦的政體。

對於盧梭的迫害，之後並未緩和下來。同年的十二月三十一日，出現了一本名為『市民的感情』，匿名的小冊子——它可能是伏爾泰所寫——在這本小冊子裏如此寫著：

「我們必須以恥辱及悲哀來告白，他是一個墮落得非常可怕的男人。……他的母親（黛蕾茲的母親）由於他的關係而死亡。而他把他的孩子丟棄在貧民救濟院的門口。……」

這對盧梭來說是一次極大的打擊。因為他的秘密讓全歐洲的人都知道了。對於此事，他並未想證明自己究竟是如何一個人。同一天，盧梭把小冊子送給朋友迪奧・貝伊爾，他寫給迪奧・貝伊爾的話如下：

「有一天將幕拉下離開人生舞台時，後世的人將不知多麼愛我。……現在，請你愛我，並且認為我是值得你愛的。……」

在這些話中，很能表現出盧梭當時那種無所適從的心情。

在莫奇艾受到迫害而感受到生命危機的盧梭，於一七六五年九月十二日逃到位於瑞士畢艾奴湖中央的沙・庇艾爾島。盧梭非常喜歡那地方，在那裏研究植物學，也已經開始準備寫『庇艾爾島植物誌』。美麗的自然慰藉了盧梭。盧梭如此說道：

「噢自然，我的母親！在這裏我只有妳來保護我。在這裏沒有會闖入你我之間的那種大壞人。」

然而，這地方也不是他能安住之地。十月二十一日已有命令他離開的通知。盧梭暫且在畢艾奴安定下來，他在那裏也遭到迫害，同月二十九日，他離開這個「殺人之地」前往貝爾林，十一月二日抵達史特拉斯堡。在那裏他是幸福的。該市保證其安全，而且他的作品『村莊的占卜者』在該地上演受到歡迎。從早到晚不斷有訪問者到他住的地方來。另外，也舉行演唱會，被邀請與會的他，聽自己所作歌劇中的歌曲，過了一段快樂的光陰。他將這種喜悅之情描述如下：

「人們在這裏向我表示好感、尊敬及敬意，真的不能再多了，超過我就無法承受。」

休姆給盧梭的信

盧梭似乎也想留在史特拉斯堡，但在這段期間內，在巴黎的維爾特拉夫人已經得到盧梭可以通過法國的護照。盧梭和她是在莫恩莫拉西伊認識的，而她和當時人在巴黎的休姆有來往，想讓盧梭前往休姆處，正在作這樣的準備。十一月十四日，盧梭收到護照，接著也收到休姆寫給他的一封鄭重的邀請函。

「你源源不斷莫名其妙的不幸，和你的品德及才氣毫無關係，是一切懂得人情的人應該關心的事。你能確實地對你說，你在英國不僅由於法律的寬容精神而已，也由於一切人們對你的人格有所尊敬，你將會發現這裏對迫害是一個完全安全的地方。」

對於這封信，盧梭於十二月四日寄出的信回答如下：

「我深深地體會到你的親切，同時我也覺得你很光榮。對於你的建議，我所能做最適切的回答便是接受你的邀請。我接受你的建議，五、六日內我會為了投入你的懷抱而離開現在的地方。」

十二月九日，盧梭出發前往巴黎。抵達巴黎是十六日的晚上，他先在為他出版書籍的馬大姆•戴約夏奴那兒落腳，並立刻受到柯基大公的保護，搬到魯•達普爾附近的旅館，在巴黎，他非常小心，根本不讓人知道他，引起太大的注意，但盧梭來巴黎的消息立刻被傳開，每天有絡繹不絕的訪客到旅館來。沙•拉貝爾看到這種情形便說：「因為盧梭是和他名為名聲的夫人一起旅行，所以我覺得他是有毒的。」雖然警察一再地警告他要收斂一點，但訪客實在太多了，所以他只好規定一個時間一起和他們見面。他可以說凱旋榮歸巴黎。

他第一次和休姆見面了。當時，休姆是五十四歲，而盧梭則是五十三歲。休姆和盧梭見面之後，彼此互相吸引。休姆覺得盧梭是一個溫和、穩重的好人，甚至說：「我很喜歡他，我真希望他會多少愛我一點。」儘管休姆如此心儀、崇拜他，但是，他的朋友何里斯·伍爾波卻經常挖苦盧梭。他請艾爾維西斯等人改正冒充普魯士王寫給盧梭的信上法文的錯誤，勸盧梭應有學識，並說：「如果你想要因為新的不幸而得到我的心，就不妨選那條路。我是國王。我能讓你如願以償。……」另外，都爾巴克男爵也忠告盧梭說，休姆不懂盧梭的本質。

休姆

休姆的不和

一七六六年一月四日星期六，盧梭和休姆離開巴黎，從巴黎出發，除了他們兩人之外，還有盧梭的朋友吉耶·德·魯約威茲同行。半途中，他們在羅烏住了一夜，而在那裏他們都睡在同一個房間。據說，當時可能因為做夢的緣故，休姆有幾次以非常激昂的語調操著法文喊叫：「我捉到了盧梭！」這句話似乎是對之後他們兩人關係的一種預言。

他抵達倫敦是一月十三日的午後。首先，在倫敦他們到休姆經常借宿、位於利伊爾街的艾麗奧特夫人的住處，在那裏偶然見到盧梭視為敵人的瑞士醫師特洛夏的兒子，盧梭認為這種情形一定是為了侮辱自己而安排的，於是和艾麗奧特夫人發生爭執，他要求到別的地方住。但是，盧梭在倫敦和在巴黎一樣引人注目，大受歡迎。盧梭的狗沙爾達突然失蹤，下落不明，此時這件事立刻就在報紙上報導出來，如果說休姆發現了這隻狗，那麼這件事也會在報紙上報導出來。於是，連約克公爵及其他人士也都來拜訪盧梭，甚至國王伉儷也於一月二十三日前往多爾利・雷恩劇場，以觀賞戲劇為藉口去見盧梭。

抵達倫敦之後，開始的數星期一切都進行得非常順利。約有二星期之久盧梭和休姆一起住在白金漢宮。不過，後來盧梭搬到奇斯威克開食品店的家中。二月十三日，等待已久的黛蕾茲也到了，三月十九日他們兩人一起前往威特。

前一夜，發生了休姆對盧梭大發雷霆的事件。提供他們在威特的居所的人是一位理查・戴維波特，當盧梭從倫敦到威特時，他希望讓盧梭利用比坐馬車更便宜的經費前去，所以撒謊說明天有順路的馬車要前去，然後他自己想僱馬車給盧梭坐。但盧梭覺得自己被侮辱了。盧梭的說法是，不管自己多麼貧窮也不願像個乞丐一樣。而盧梭認為休姆知道這件事情卻和戴維波特串通，於是責備休姆。後來盧梭讓步才和解，不過，此事也成為他們兩人不和的原因之一。

使他們兩人之間的關係分裂的事件，在前往威特之前也發生過其他的事件。那是前面提及的冒充普魯士王之名的那封信，發表於『聖詹姆斯誌』上，而倫敦的報紙轉載了那封信。休姆想將這件事當作只是一個無聊、毫無惡意的玩笑，讓這件事就此不了了之，也並未和實際上寫那封信的朋友烏爾波絕交，盧梭對這非常不滿。而以公開冒充的信為契機，有若干揶揄盧梭的文章也在此時發表了。『伏爾泰寫給盧梭的信』的出現，也是這時候。

另外，盧梭批評塔拉貝爾是一個卑鄙而無恥的男人。休姆雖然知道塔拉貝爾是盧梭的敵人，但卻否認這種事，而且在倫敦休姆與特洛夏的兒子住在同一個房子裏，這一點也讓盧梭覺得休姆是他在巴黎的敵人中的一份子。

絲毫不知道盧梭有如此懷疑的休姆，當時想透過柯維伊將軍讓盧梭獲得國王的年金而奔走著。不久，五月二日國王已經決定給盧梭一年一百英鎊的年金。對於此事，盧梭寫信給休姆，那是一封令人難以瞭解究竟他是否想接受年金的信，語意模稜兩可，休姆將這封信解釋為「接受」而寫信給盧梭，請他接受，但並未立刻收到回信。

六月二十三日，盧梭寄給休姆的信送到了，但那是一封絕交信。信裏，盧梭斷言休姆是個掩飾真面目、心機的陰險之人。盧梭認為休姆也是迫害者之一。於是，盧梭和休姆永遠地分開了。

盧梭於滯留威特期間寫了『告白』最初的部份。那是從一七六六年的秋天到冬天的事。開始寫『告白』的原因，是出版者建議他寫此書。在他的敵人給予各種中傷之後，他也想證實自己、保護自己，也許也是動機之一。盧梭說：「我告白的原本目的在於正確地讓我知道，我一生一切狀態的內面為何。」

盧梭於一七六七年四月開始有回到法國比較好的想法。他似乎有精神異常的跡象。他深以為所有英國人都對自己有某種陰謀。五月一日，盧梭和黛蕾茲偷偷地離開威特。他留下寫給戴維波的信及三十英鎊的錢。

「我明天將要離開你的房子。我知道那正在等待我的險境及保護自己的無力感。但是，我活下來。我所留下來的是，以勇氣結束過去用自尊心活到現在的一生。要壓迫我是容易的，但要降低我的層次卻是困難的。」

五月十八日，抵達多佛的盧梭立刻寫一封相當長的信給柯威伊將軍。在信中向這位將軍敘述如何逃出英國、獲得自由的經過。

當時盧梭深以為自己是由於休姆的計謀而成為英國的「俘虜」，因此，他不斷地受人監視，以防他從英國逃出。他頻頻說道，如果在死前能儘可能獲得一點自由，便感到無比幸福了。那封信的結尾是：「我已經下定決心了，自由抑或不自由，只有這兩者之一，沒有中間的。」

他沒有等待將軍的回覆便於五月二十一日抵達卡利。盧梭也許就這樣離開在英國的休姆很可憐。休姆寫信給裘爾科，請他設法讓盧梭回法國，不要使他受到不當的待遇。雖然他們兩人是毅然決然地分裂，毫不留戀彼此的情份，但從興奮的醒悟回神過來的休姆，也許已經知道盧梭的精神狀態失常。

盧梭的晚年

瘋狂的盧梭

盧梭在尚未離開英國之前，不僅一次收到米萊布伯爵。米萊布伯爵是一位十分有名的重商主義者，他和盧梭一樣是個性極強的人。他非難盧梭和休姆之間的爭執，說那是極其無聊的，但他對於盧梭的思想產生共鳴，他寫信給盧梭，請他住在其領地內任何喜歡的地方。盧梭到了卡利便通知米萊布伯爵及柯基大公。米萊布伯爵偷偷地將盧梭帶到自己那裏去。因為當時巴黎高等法院的逮捕狀還是有效的。盧梭化名為傑克去旅行，在那裏過了短暫的一段時間之後，盧梭接受柯基大公的照顧，後來便藏身於特里城中。自此以後，盧梭便自稱為約翰・約瑟夫・魯納，而對別人說黛蕾茲是自己的妹妹。

盧梭在特里一直住到一七六八年的六月，正好是一年，在這段期間內，他在相當嚴重的精神錯亂狀態之中著手寫作『告白』的第二部。他常常苦於陰鬱的幻想。當時他認為，園藝師及佣人都是受僱於休姆，為了殺害他而監視他。盧梭覺得所有的牆壁外都有人在竊聽。這樣的狀態，應該是什麼都不能寫才是。於是，盧梭除了寫信之外只好暫時將筆擱下來，甚至連書都不看。他感興趣的，頂多只有植物學。

盧梭的錯亂狀態，在嚴重時也可明顯看得見，他雖然生病但勉強去找到並拜訪狄約・貝伊爾，終於在那裏病重。盧梭成為意識半昏迷的狀態，而喃喃自語了二、三句。聽到他這樣說，狄約・貝伊爾相信盧梭一定是被下了毒才這樣說。

一七六八年初春，如此的傾向稍有好轉。三月二十八日，他寫信給狄威爾諾溫說：「我可以舒舒服服地散步了。我又重拾幸福了！」但二天之後當門房去世時，他為了要證明那看門人的死並不是因為自己下毒，而主張解剖屍體。他尚未完全痊癒，連學生柯威戴被他認為是休姆的眼線。

正式結婚

六月十四日，雖然柯基大公要求他留下來，但因為盧梭不放心，所以便出發前往里昂，再從里昂到固諾布爾。在那裏他和那些尊敬他的人見面，其中也有在法律思想上深受盧梭影響的固諾貝爾高等法院副檢查官鮑爾科溫。盧梭從那裏到夏貝里，去祭拜烏拉夫人之墓，然後，到布爾可萬。不久之後，黛蕾茲也到了，八月三十一日，兩人在當地舉行結婚儀式。於是，黛蕾茲終於成為盧梭夫人。不過，關於此事盧梭在給魯塞爾夫人的信中如此說：

「我的妹妹（即黛茲）由於神的恩賜而成為我的妻子。我從未如此興奮，且又如此由衷地完成義務。」

然而，盧梭在那地方也遭遇到感覺「敵人」環伺四周的事件，再度苦於妄想症。為了要到塞浦路斯或到希臘愛琴海中的小島而困惑。而且他又想到狄維波爾待自己非常親切，而為了是否應到威特或密那卡爾去而猶豫不決。結果，一七六九年一月他遷居至莫加，在那裏享受採集植物之樂，到十一月他就開始再度寫『告白』，寫到十二卷的一部份。

前往巴黎

盧梭自從回到法國之後，便不斷地想到巴黎去。一七七〇年四月時，他的朋友沙・傑爾瑪雖然阻止他，但他不聽勸告前往里昂，經由狄喬恩於六月十四日抵達巴黎。在巴黎有許多人正等著迎接他，因此，他甚至忘記自己正要逃避法網，是逃亡之身。盧梭人在巴黎是公開的，而主任警官沙爾迪奴也默許了這件事。於是，盧梭在咖啡館裏下棋，或是到歌劇院去觀賞『村莊的占卜者』。

同時，許多好奇的訪客也湧向他住宿的地方看他。當時，有不少人想炫耀自己曾和巴黎最有名的人談過話。

另外，邀請他一起晚餐的人也很多，從未斷過。當時他似乎連自己想做的事都無法去做，但是，他受了傷的心已無法因這樣的事而醫好。

在巴黎，他再度開始抄寫樂譜的工作。據說，當時他的收入足以維持他和黛蕾茲兩人的生活。

盧梭的朋友如此描述當時的情形：

「盧梭即將五十九歲了。……如果不是他自己說的，我還無法相信他已有那麼高的年齡。……比起實際年齡，他看起來年輕許多。他是中等高度。身材與其說是魁梧，不如說是精悍，矮矮胖胖。他的眼睛黑亮，充滿光輝。他經常將頭髮梳向一邊，以銳利的眼神注視四周。他的臉型是端正的，予人良好印象。聲音低沈，雖然他說話速度很快，但他的舉止很優雅而令人喜歡。」

除了抄寫樂譜之外，盧梭便採集植物。對於植物學的熱情，醫好了他受傷的心，到郊外散步成為他每天的功課。在這段期間內，他也繼續寫『告白』。寫完此書的時間是十二月，但是，以不出版任何書籍為條件被默許滯留於巴黎的他，除了在朗讀會上發表此書之外，沒有其他的方法可以發表。

從一七七〇年底到七一年冬天，他舉辦了數次朗讀會。在朗讀會上，盧梭如此談論『告白』：

「即使有人知道和我所揭露出來的事相反的事，那也是謊言，是中傷。只要我還活著，一旦拒絕和我一起將它弄清楚事情真相，並研究它，那麼，那人一定是個不愛正義也不愛真理的人。」

然而，最初的朗讀會並不算成功。那一天也沒有人感動得引起討論，或是任何掌聲，只有沈默而已。不僅如此，數日後盧梭被主任警官傳喚過，警方要求他不要再開朗讀會。那是藉由他的朋友狄畢娜向他提出的要求。

遭遇到這樣的失敗及壓迫，盧梭的心只有一再受到傷害。而且他自從前年的十一月左右開始，健康便逐漸惡化了。

從一七七一年的秋天到翌年的春天，盧梭一直在寫『波蘭統治論』一書。那是一本回答威爾霍爾斯基所問「拯救波蘭需要什麼手段」的書。盧梭看到瀕臨危險而篤定地預言：波蘭這個鄰國的國境會遭到侵犯，但為了拯救波蘭，公民教育極為重要。俄國、奧地利、普魯士第一次分割波蘭，是七二年五月的事。

晚年的生活

一七七二年時，盧梭的生活，幾乎每天都是早晨五點起床就開始抄寫樂譜的工作，七點半吃早餐，到中午前一直工作，下午則到咖啡館去或採集植物，傍晚時回來，九點便上床就寢。他完全以自然來慰藉孤獨及受迫害的心。

一七七二年，盧梭已經開始寫『審判盧梭——對話』，因為『告白』沒有引起太大的回響，所以盧梭只想以『對話』嘗試自我辯護，才執筆寫成此書。而此書完成於該年的年初，而這一年的二月二十二日，他妄想的程度已經達到極點。他想將他的原稿當作對於真理的見證而呈獻在聖母院的祭壇上，但因鐵柵欄的阻隔而無法送達，盧梭將這種情形解釋為神站在他的敵人那一邊，他那種瘋狂的模樣變得愈來愈嚴重，開始在街上徘徊。

回家之後，才稍微冷靜一些，但接下來他為了避免原稿被迫害者丟棄，而將一部份交給柯戴塞克，另一部則交給在英國認識而當時碰巧正在巴黎的青年。四月，他寫了一封名為「致愛護正義及真理的所有法國人」的傳閱信，將這封信交給路過的行人，以說明自己是無辜的。

正要將原稿獻給聖母院祭壇的盧梭

這一年的夏末到秋天左右，他寫了『第一個散步』。因為大家一致叫好，所以處於被朋友們放逐境地的他，從這時候起冷靜地思考迫害的問題。盧梭終於覺悟：一切的抵抗都是無意義的。他認為所有的迫害都已經過去了，而領悟到再也沒有任何值得恐懼的事了。

於是，他開始探究「自己究竟是什麼人？」孤獨的他，現在只有自己一人，而僅僅在這方面的探究，使他發現了心靈的慰藉。盧梭因被迫而孤獨，但在這方面他反而發現了幸福。

盧梭說道：

「忍耐、柔和、達觀、廉直、公平、正義……，這些都是每個人可以隨身攜帶的財產，而人能使它們變得豐富，死亡並不會使它們失去價值。我所僅剩的老年生活，將奉獻給唯一而有用的研究。」

盧梭之死

他在晚年的數年中，遭遇到非常貧困的窘境。一七七七年，黛蕾茲生病，盧梭不得不在一旁照顧她。此時，盧梭已經無法抄譜、寫作了，而他們的存款又不多。七八年五月二十日，因為他的忠實讀者賈拉爾塔侯爵的好心安排，而遷居至距離巴黎二十英哩處的艾爾姆諾威爾。在那裏一直到六月上旬，他接到伏爾泰的死訊。據說，當時盧梭曾說：「我的存在是和他連結在一起，密不可分的，既然他已經死了，那麼，接著我必須緊隨其後，快點和他相會。」

那地方是他所喜愛的土地之一，他在那裏和賈拉爾塔侯爵一起採集植物，享受其中的樂趣。

七月二日，他早上很早就起床去散步，八點時回來，和黛蕾茲及女佣人一起吃早餐，然後他叫黛蕾茲到鎖店去付帳。當他想要去教賈拉爾塔侯爵的女兒音樂時，突然倒下去。黛蕾茲回來時，盧梭正倒在森林中。黛蕾茲是盧梭死亡唯一的目擊者。

據黛蕾茲所說的話，醫師的報告中他死時的模樣如下：

「……他一直敘述腳底有一種很奇怪的被刺感覺，背部有很冷的寒氣竄過去，尤其是胸部的疼痛非常劇烈。最後的時刻

盧梭的頭像

頭痛也非常劇烈。這些都是臨時發作的。他用兩手抱住頭部表示疼痛的情形，但頭蓋骨彷彿要割裂似地。他就在發作之中結束了生命。他從椅子翻落下來，立刻將他扶起時，他已經斷氣了。……」

據說，當時是早上十一點。翌日，威德和幾位義大利雕刻師取了他的面型，準備製成頭像。

七月四日的晚上十一點，他的遺體被送到湖水中的波普拉島上。據說，當時月亮上升，而白楊的影子靜靜地映在水面上。

第二章、盧梭的思想

盧梭所追求的事

當我們思考「盧梭的思想」這個問題時，我們不能忽略他從各個思想家處所受到的影響。也就是說，從他的政治思想，我們可以看到柏拉圖、霍布斯等人的影響，而在教育思想方面，則可以看到他受到洛克、蒙田等人的影響。

但在這些影響之中，盧梭始終一貫追求的便是人類的自由，以及將人們從損及他的「惡」中解放出來。十八世紀時自啟蒙主義之後，「惡」的問題已經成為哲學的主要問題之一。那是因為啟蒙主義被認為是對於使人不安而不完美的傳統性宗教的一種反動。

舉例來說，貝爾認為這個世界上所存在的「惡」，根本就無法以創造這個世界的全知全能的神，作一點合理的說明，並認為宗教對道德沒有任何影響力。另外，萊布尼茲也認為，「惡」就像音樂中的不協調音，為了全體的美及善，是有其必要的。

然而，盧梭並不是將「惡」的問題純粹當作哲學的問題去看待，可以說，其特色主要在於處理他自己本身所直接面對的「惡」。也就是說，他從社會制度及政治方面去探尋「惡」的根源。

這樣的情形，必然地使盧梭重視自然，他認為，在自然的狀態之下，人是自由而能享受人生的。相反地，在社會中人是失去自由而不幸的。於是，人為了自由而幸福應如何做才好？

關於此一問題，應從人本身的考察及對社會的考察這兩方面去追求，也成為盧梭的中心思想。

對文明的批判

文明所造成的腐敗

如上所述，『學問藝術論』寫於一七四九年，而對於此書的貢獻，狄德羅雖功不可沒，但此篇論文的成文，來自蒙田等人的影響更大。在此篇論文中所呈現的想法，可以說是其後的思想都是由此而來，而其一切思想的萌芽便在其中。

盧梭在此論文的第一章，探究自文藝復興之後的學問、藝術及文學的復興，如何剝奪了人原本的自由的感覺，使人呈現喜愛奴隸的狀態，以此塑造文明人。也就是說，學問及藝術使音樂的風俗腐敗，在這方面，道德必須受到重視，這成為盧梭的根本想法。比方說，現在我們在此從「禮儀」一項來看，根據盧梭的看法，他認為風俗如何腐敗？關於這一點，他說道：

「人工的東西只是陶冶我們的禮儀，但並未教我們如何表達情念，以不自然的話說話的時代裏，我們的風俗雖是鄉野式的，但卻是自然的。而態度的差異，一眼便看得出來有著性格上的不同。……

在更深入的研究及更細膩的趣味中，以被人們喜愛的方法為原理的今日，我們的風俗之中，被無價值而讓人產生一致性的東西所支配著，所有的精神、心靈都令人覺得似乎被投入同一個模型之中。禮儀不斷要求，而儀式發出命令，再加上人們不斷地服從習俗，絕不遵循其固有的才能去一展所長。人們現在已經失去其本來的面目。在這種永遠的束縛中，形成了稱為社會的一群人，如果他們被置於同樣的環境中，一旦沒有更強烈的動機使人們轉向的話，那麼，他們將會做同樣的事。」

『學問藝術論』受獎獎牌

從這段話中，我們可以看到盧梭對於文明所作的尖銳批判。的確，禮儀儀式是使我們的社會生活變得更加舒適的一種潤滑油。但據盧梭的說法，禮教會使人失去本質，使人與人間更加疏離，反而使社會性的韌帶漸趨鬆弛。因此，盧梭認為在這樣的環境下連誠實的友情都不存在了。如果這樣的情形成為事實，且是一個結果的話，盧梭認為，其原因應在於學問藝術更完美的進步之中。盧梭又認為，這種情形並不僅是今日才有的現象，除了若干賢人的抵抗之外，在歷史上，它可以說比天體的運行更有規律地出現著。

由此看來，學問藝術和道德表面上似乎彼此互不相容，然而，果真如此嗎？而誠實究竟是不是「無知」的女兒呢？盧梭想以探究學問藝術的起源來解決此一問題。

學問及藝術來自惡德

據盧梭說，正如星象學是迷信而來，幾何學是從吝嗇而來一樣，學問是從人的惡德而來。而他認為，這種情形對藝術來說也是相同道理。因為如果這些學問藝術是來自道德的話，那麼，它們就不會使我們音樂走上腐敗。因此，學問及藝術的起源有其缺陷，而盧梭認為只要看它們的目的也能瞭解這一點。

於是盧梭才說：「藝術如果不培養其奢侈性便不可能存在，而法學如果沒有不公的話，便一點用處也沒有。而且一旦沒有暴君、戰爭及陰謀家，則歷史便無法成立。」

盧梭說，如上所述從目的上來看，空泛而無意義的學問及藝術只會讓人浪費時間而已。根據盧梭的說法，這一點便是社會所受到的第一個害處，而它讓人們過著閒暇的日子而不行善。於是，盧梭特別對於所謂的學者、文士給予我們有益的東西這點提出質疑，而如此說道：

「他們似乎輕蔑、嘲笑祖國及宗教這些古老的名詞，而為了破壞人們心中一切神聖的東西，使他們成為卑賤之物而奉獻他們的才能及哲學。」

因此，盧梭認為學者及文士只會給社會帶來害處。

據盧梭說，從時間的浪費這個大害處及虛榮所產生的奢侈，有時沒有學問及藝術也會存在，不過，這種情形是非常少見的，可是一旦沒有奢侈，學問（特別是藝術）絕對無法成立。在這方面，學術及藝術可以說為社會帶來害處，而它們和美德是互不相容的。

盧梭說，奢侈雖是富有的證明，但在只有金錢能成為目標的時代，如果只想追求財富，那麼，道德就會被人輕視。因此，政治家們將人們評價為只是普通的家畜而已，同樣地，他認為人的價值不過是他在自己的國家裏所作的消費。在這樣的情形下，道德完全被人忽視，已經喪失評價一個人的真正標準。因此，盧梭才說奢侈使風俗腐敗。

如上所述，他指出的源自奢侈的風俗腐敗，接著會造成嗜好的墮落的結果。而盧梭更進一步地說，當生活變得更為方便，藝術完成時，奢侈就會擴大，在這段期間內，真正的勇氣已經減弱。

盧梭以希臘、羅馬等歷史上的事實來說明這種情形，而盧梭認為，這一點對於學問的發展也可適用。盧梭說，如果學問的研究有害於戰鬥，那麼，它對道德方面會更有害處。因為自兒童時期開始無聊的教育便裝飾了我們的心靈，使我的判斷腐化。在如此環境下接受教育的孩子，雖然無法區別謬誤和真理，也有辦法以特殊的議論使別人分辨謬誤和真理。

然而，盧梭認為他並不懂雅量、公平、節制、人情、勇氣這些名詞的真正意義。於是，盧梭將才能和道德的矛盾弄清楚，那麼，這樣的矛盾其根源何在？

學問研究是否有其必要？

盧梭說，那是由於才能的差別及道德的墮落，被導入人身上的有害的不平等所致。在這裏出現了我們後面會提及的「不平等」的想法。

盧梭說，現在人們再也不管一個人是否誠實，只問他是否成功，也只問一個人的才能，而輕視道德。由此所造成的不平等的學問藝術的研究，會將價值觀念顛倒過來，而道德就不會被當作一個重要問題。因此，在這樣的情形下，即使有物理學者、幾何學者、化學學者、天文學者、詩人、音樂家，也沒有具有道德的市民。就算有所謂的市民，他們也是被捨棄於鄉村之中，分散於各處，在那裏他們的生活非常貧窮，被人們輕蔑而終其一生。

那麼，要如何突破這樣的狀態呢？

盧梭決不想以捨棄學問及藝術來設法解決此一問題。毋寧說，他甚至認為學問研究有其必要。也就是說，他認為學問、藝術的研究應該只能允許有限的人去做。比方說，這樣的人（特別是笛卡爾、牛頓等人），他們不需要教師，他們是能以自己的力量成為巨匠，且有超越那些巨匠的力量的人。

而盧梭認為，這些少數的人便是適合於建立人類精神的榮譽紀念碑的人。而且這樣的人應該是國王及政治家的顧問，像這樣，道德、理性及權力相輔相成，從中便可產生人類的幸福，盧梭便是這樣想的。因此，他並不是片面地否定學問、藝術。盧梭寫『學問藝術論』的目的，是為了「在具有道德的人面前擁護美德」，而不是為了「虐待學問」。

總而言之，他認為美德能將人們從風俗的腐敗之中拯救出來。於是，盧梭強調道德遠勝於學問及藝術，他認為，成為有德之人便是通往自然的途徑，也是通往幸福之路。此一想法在『愛彌兒』中進一步地展開，而『學問藝術論』也是以文明批判為藉口的一種政治批判。

人與人之間的不平等是如何產生的？

對政治的關心

關於『人類不平等起源論』的成立，是將一七五二年『那色西斯』（Narcisse）一書的序文的思想加以發展而來的。

而此篇序文，在使盧梭的立場變得更具政治性上是十分重要的，其中，盧梭第一次明確地敘述政治的惡及不公。他如此說道：

「奇妙而會帶來不幸的政體，由其中累積起來的財富，經常都使累積更大財富的手段變得更為容易。在那種政體下，一無所有的人想獲得任何東西都是不可能的。在那裏善人沒有任何擺脫悲慘狀況的辦法。那裏最大的騙徒是最有名譽的人，而在那裏，為了成為正直的人必然地需放棄道德。我知道，說著美麗辭藻的人談論這件事一百次之多，然而，他們是以裝飾過的說法去說的，而我是依照根據說這件事。也就是說，他們承認了惡，但我卻發現其原因。而我想特別揭示給大家看，所有的惡並不像屬於不好的治世之下的人那樣屬於一般的人，也想特別讓大家都知道非常值得安慰及非常有益的事。」

於是，盧梭在政治及社會的害處、惡處中，將各種惡闡明了。從這裏我們可以看到原罪對於人性的擁護。這樣的想法，在他為了參選一七五三年的有獎論文所寫的『人類不平等起源論』及『政治經濟論』（一七五五年）中，被進一步地發展。

首先，為了探究不平等的起源，盧梭假定在完全自然的發展之下，對平等而幸福的人們加以考察。他認為當我們從人類身上去掉超自然的恩賜及人工的恩賜之後，所剩下的只是動物而已。但是他「比任何一種動物都脆弱，也並未比其他的動物來得敏捷，但最後他在所有的生物中組織得最為有利。」因此，他能非常簡單地滿足其慾求。

也就是說，「他在一株柏樹下吃得很飽，一發現水便立刻取來解渴，並在該株樹下睡覺。」像這樣完全是感覺性的事。而人類似乎是由斯巴達式的法律在主宰，只有體格強壯的人才能生存下來。像這樣未開化的人，在一切方面，如果從本質的觀點來看，只是一種動物，其目的是自我保衛，而盧梭說，在這樣的狀態之下，未開化者的真正敵人是疾病。

上述的未開化者，有完全不同於動物的地方。以動物來說，只是由自然支配牠們，決定其行動，相反地，未開化者有其自由意志。

再者，人類由於有了自由意志，而能產生其自由的意識。盧梭認為，此時所呈現的便是動物所沒有的靈魂的精神性。而且區別人類和動物的是人類具有完成自我的能力。而這種能力，反過來說是使我們人類變得不幸的原因。但是，在未開化的狀態下，這樣的屬性不僅限於可能性而已。因此盧梭認為，未開化者只有在於自然的狀態之中具有為了生存下去所必要的本能。

盧梭進一步地說，在自然的狀態之下，人類既不是善人也不是惡人。那是因為人類在自然的狀態之下，人與人之間沒有道德上的關係，也沒有共同的義務的緣故。但是，盧梭假定人類都有自我保衛的衝動及憐憫這兩種感情。這些感情成為社會狀態之下道德的基礎，但盧梭說，特別是後者，是連霍布斯都完全不認同的原理。

那是自然的感情，對於個人，它是緩和由於對自己的愛而做的行為，在各種物類互相保衛對方而彼此合作的社會狀態之下，它是代替法律、習俗及道德的東西。因此，盧梭對未開化者下了如此的結論：

「未開化者在森林中徘徊，沒有產業，沒有金錢，也沒有住的地方，不需要戰爭的同盟，也不需要夥伴，沒有想加害同伴的慾望，可能連分辨各個同伴的能力也付之闕如，他們只依循很小的感情，滿足自己，而只有適合於此一狀態的感情及理性而已。」

因此，在自然狀態之下，幾乎沒有所謂的不平等，一切都是站在同一個立足點，盧梭認為這是和平而幸福的狀態。

不平等是如何發生的？

盧梭將不平等分成因年齡、健康及體力的差異而產生的不平等；精神及靈魂所形成的自然的、肉體的不平等；以及依照一種約束所形成的道德的、政治的不平等。盧梭視為問題的是後者。

因為前者的不平等的根源是自然，無法再進一步去探究。那麼，後者的不平等是如何產生的呢?盧梭認為，它是從「我們能力的發展及我們人類精神的進步」所產生的，而後來由於「所有權及法律的制定而成為穩固、正當的東西」。也就是說，在自然狀態之下，人類逐漸地學習到為了生存下去必須和自然鬥爭的道理，結果，在人類的精神中產生了顯示各種關係的觀念。

盧梭假定這便是人類精神發達的第一步，他認為，這種情形讓人類學會遵守人與人之類有益於彼此、更好的行為的規則。因此，盧梭也認為隨著人類精神的啟發，產業也獲得改良，產業一旦改良了，結果使人類有建造房子、成立家園的可能，而由此便產生了家庭，衍生出家族。而且由這樣的結合產生了最初的心情的開展，智慧大開。

此時必須注意的是，盧梭認為這樣的家庭會產生私有財產，而這是盧梭認為將來會產生的政治社會的源泉。像這樣，人類形成了社會，而隨著精神及心情的發達，人類開始逐漸有了價值、評價的觀念。

比方說，在一群人聚集時，其中最後一個唱歌或跳舞的人，一定是比較受人尊敬的人，而看一個人的價值也從這一點開始。據盧梭說，由此產生了自尊心，而他認為，這便是不平等的第一步，也是惡德的開始，盧梭說，由此一方面產生了虛榮及輕蔑，另一方面又產生了不名譽及羨慕。

盧梭又說，在技術方面尚未借助於許多他人之手的狀態之前，人是自由的，也是幸福的。而產生真正的私有，形成不平等的，是在勞動方面非借助於他人之手之後的事，而且使這種情形變得更加嚴重的是冶金及農業的發達。

盧梭說，這些使得私有的觀念進一步發達起來，形成分業。於是，人的價值開始不僅是以財產去估計而已，同時也依照其特殊的才能、長處去評估，因此，人為了被其他人尊敬，就必須自己真正符合於他人所評估的，或必須自己假扮自己符合於他人所評估的，由此產生了嚴重的炫耀及欺騙的策略，隨著這種情形就產生了惡。

不平等所帶來的問題

據盧梭的說法，從人最初的私有所產生的是競爭及對抗，是利益的對立，以及即使犧牲他人也想獲得利益的慾望，因此盧梭說，人變成貪婪的、有野心的、邪惡的東西，他又說，此時很自然地產生戰爭狀態。

而要緩和、控制這樣的戰爭狀態，對盧梭來說，這是一個政治上的問題。根據他的說法，原本財產就不是由正當的手段取得的，而在戰爭狀態之下，為了保護財產，擁有財富的人所想到的事便是成立某種結社（國家）。他對於這些有錢人呼籲如下：

「不要使我們的力量朝向違反他們的利益的事，我們來統一為一個依照賢明的法律統治我們，保護結社的所有成員，擊退共同的敵人，使我們永遠團結一致的最高權力機構吧！」

盧梭就由此探求社會及法律的起源，他說，這些永遠地破壞了自然的自由，而永久地確定私有及不平等的法律。盧梭認為，為了幾個野心家的利益，從此以後全人類都被迫服從於勞動、隸屬及悲慘。

他認為，政府因此而產生，不過盧梭堅決地認為，政府不是從事專橫的權力所產生的，而是沒有財產的人被有錢人所欺騙，互相締結契約而產生的。

然而，有錢人的私心支配著此一契約，它並不是真正的契約。如此產生出來的政府，無論是君主制、貴族制或民主制，執政者全都是經由選舉所產生的。

對主政者而言，當有錢人已經不成為問題，而才能、年齡及穩定性開始被重視之後，主政者就會覺得選舉麻煩之至，於是形成了主政者的世襲化。因此，盧梭將政治上的不平等歸因於富者及貧者的區別，接著歸因於強者及弱者的區別，然後進一步地產生了主人及奴隸的區別。

而盧梭認為，第三個狀態中政府如果沒有完全被解體，或者未在合法的基礎上加以重建，那麼，此一狀態就會一直持續下去。他說，在最後的階段，專制政治會成為確立在共和國的廢墟之上的一種怪物。

根據盧梭的說法，那是因為「在那裏人民既沒有首長也沒有法律，只有獨裁者。自此以後，風俗及道德將不會成為問題，不再受到重視。因為在由對於道德不能有任何期望的專制政治所支配的地方，專制是不允許其他的主人存在的」。他說：「當獨裁一說話，連商量的誠實及義務都化為烏有，而盲目的服從便成為留給奴隸唯一的道德。」

盧梭認為，這便是不平等的最後一項。同時他說，在那裏所有的人全都再度獲得平等，因為他們已經不是任何人，所以，臣民除了服從主人的意志之外，別無他法，再者，主人除了本身的情念之外，並沒有其他的規則；而善的觀念及正義的原理再度消失掉。因此，在此一切都歸於最強者的法律，由此就產生了一種新的自然狀態。

不過，據盧梭的說法，此一狀態源自過度的腐敗，並非純粹的自然狀態，而是和盧梭最初所假定的自然狀態不同的狀態。

如上所述，盧梭認為不平等是由於人類能力的發展及人類精神的進步而獲得力量，開始形成，到最後，由於財產的確立及法律的制定而成為很穩固的東西，也成為合法的東西。

於是，盧梭終於將不平等如何產生這點釐清了，結果，接著成為問題的是，為了實現沒有不平等的狀態，能活得像真正的一個人，應如何做才好。但這一點應該不需恢復原始的自然狀態便可達成。盧梭在『社會契約論』一書中，嘗試解決此一問題，而在此書中探究在相同條件下能享受同樣權利的平等。不過，我們在此之前先來看盧梭的教育論。

盧梭的教育思想

盧梭的教育思想，和其社會思想有著密切的關係，這兩者對盧梭而言，可以說是成為為了探究幸福的人類生活的兩個側面。『社會契約論』和『愛彌兒』在同一年出版，但早了數星期，正如前面已說過的，這些書包括『新艾洛伊茲』在內，都是他的創造能量。同時，發表的結果所產生的，應該是同一時間所發生的問題。

盧梭的教育思想，主要在『愛彌兒』中加以闡述，他在一七四〇年已經於「為了沙特・馬利的教育所作的企劃」中敘述其想法。他寫『愛彌兒』是之後二十年的事，他有關教育的想法，在『新艾洛伊茲』、『波蘭統治論』及『政治經濟論』等書中，也有所闡述。

這樣看來，大家應該已能瞭解，盧梭對於教育的問題寄予多大的關心。當時是教育制度尚未確立的時代，所以，關於公民教育他不太去思考，也有一些以今日的眼光看來非常勉強的東西，不過，其根本精神即使在今日也仍通用。『愛彌兒』的某一部份被寫成小說式，而其他的部分則帶有教科書的風格，敘述有關主角愛彌兒的教育。在第五篇中，敘述其未來的的妻子「蘇菲亞」的教育。以下就以『愛彌兒』為中心，來看盧梭的教育思想。

自然人的形成

教育的目的

盧梭在『愛彌兒』的序文中，使用「形成人類的方法」來說明，教育這件事自洛克的『兒童教育的考察』問市以來，便被人們忽視。

盧梭認為，人類的形成便是使人成為人，便是教育，而他將教育形容為：「人會被教育塑造、陶冶。」

不過，當我們說「使人成為一個真正的人的便是教育」時，其中含有為了以教育成為人的素材的，以及被塑造為人的人這兩個概念。而在盧梭的想法中，塑造人這件事並不是代表塑造一個有固定職業的人之意。關於這一點，從下面盧梭所說的話便可瞭解。

「在自然的秩序之中，人是完全平等的，而其共通的天職便是人。如果是被善加教育成為人的人，那麼，任何人都能好好地完成有關『教育一個人』的事。我是不是使我的學生成為軍人，或是從事於聖職這樣的人呢？又或者使他成為律師呢？這件事對我而言並不是一個問題。在尚未繼承雙親的職業之前，自然向學生召喚，要他過一個像人的生活，我希望我的學生要學習的職業便是『如何活下去』。他們離開我身邊時，我承認他們將不會是藝術家、法律家、軍人或牧師。他們將先成為一個真正的人。」

因此，盧梭認為教育者先是以使人成為一個人為其目的。

人類的自然

那麼，盧梭想以教育去塑造的人，具體來說，究竟是什麼樣的人呢？簡單地說，便是自然的人。

不過，盧梭所說的「自然」一詞，有時是將它當作具有原始狀態意味的自然史上的自然概念，同時，也將它用於對於許多人為所造成的墮落，表示直接來自神的純樸而調和之意的神學上的自然概念。而且他有時也將「自然」一詞用於心理學上的概念，絕不是全都一樣的。盧梭說，當人類與生俱來便有幸福，或有朝著完美追求進步的傾向時，也就是達到自然的時候，這句話可以說是心理學上的說法吧！關於此點他如此說道：

「我們天生就具備了感性。自從誕生之後，即被圍繞著我們四周的事物以各種方法刺激到，而受到影響。可以說，當我們對感覺有了意識時，我們就有追求或逃避產生感覺的對象的傾向。開始時，便依照那些感覺是舒適或不快，接著依照我們和對象之間所發現的適合與不適合，最後依照理性給予我們的幸福或完美的觀念為對象，去作判斷。這樣的傾向，隨著我們成為更感覺性，以及知識、經驗更豐富，而擴大、加強。但因為他會被我們的習性所束縛，所以，感覺會依照我們的意見如何而多少有所變化。而在發生這樣的變化之前，它是我稱之為我們內在所有的自然這樣一個東西。」

由此看來，盧梭所說的人類的自然，終極便是以理性去追求幸福及完美的傾向。據盧梭說，人與生俱來便是追求幸福的，因此，我們可以說幸福便在自然之中。

幸福

那麼，幸福是怎麼一回事？盧梭說：「最幸福的人，是受到痛苦最少的人。最不幸的人，是感到喜悅最多的人。」盧梭也說，我們都不能將痛苦的感情、快樂的觀念和慾望分開來想。關於這一點，盧梭如此說道：

「我們無法將一切痛苦的感情從想要避免這些感情的慾望分開。再者，我們也無法將一切快樂的觀念從想要享受它們的慾望中分開。一切的慾望都預先想像到貧乏。而我們所感覺的所有貧乏都是痛苦的。因此，我們的不幸存在於慾望與能力的不均衡之中。能力與慾望是同時存在的，是絕對幸福的存在。」

有此一想法的盧梭，認為達到真正幸福的途徑是：「減少超過能力的多餘慾望，同時，也要將能力及意志完全的平等之下。」

自由的人——人——

因此，為了擁有幸福，人必須將他的存在封閉於自己內在才行，壓抑自我的意識。而且也必須站在一連串的存在所配給的位置，而不可反抗嚴格而必然的法則，也不可因想反抗此一法則而浪費了天賦的力量。因為那是老天爺想賜多少就賜多少，也是老天爺為了在那段期間內延長我們的生命而賦與的東西。我們的自由及力量，只限於我們的自然之力這個範圍之內。

盧梭說，因此我們只希望做自己能力所及的事。這樣的人，便是真正擁有自由的人，如此一來，也能求得能力與慾望的均衡。因此，自由的人便是幸福的，這便是自然的人。而盧梭所希望出現的人，是一個相對的存在，並非一個獨立的存在。

盧梭的教育思想，便是由對人有以上的觀點出發。

社會中的自然人

不過，人同時也是一種社會的動物。人的命運便是生存於社會之中。因此，使人成為一個人的教育，目的在於塑造自然的人及自由的人，其意義亦即，形成一個社會中的自然人。

盧梭本身也承認，人一生下來就必須在社會中生活，和我們的環境有了最初的關係，是由於呱呱落地的哭聲，而此時也形成了構成社會秩序這個長長鎖鍊的第一環。因此，人不能完全孤立於社會，而被封閉地生活著。

由此可見，盧梭所說的自然人，絕不是指流浪於原野的人而言，而是表示社會中的自然人之意。也就是說，他是在社會的漩渦之中以情念和遠見而避免受到社會束縛的人，同時，也是以自己的眼睛去看事物，以自己的感情去感受，只認定自己的理性才是真正有權威的人。

盧梭如此強調自然人，或許正是一種回歸自我吧。

以教育的目的來說，盧梭認為便是如上所述的塑造、形成一個人的過程。

消極教育

不扭曲自然的教育

盧梭在『愛彌兒』即開宗明義：「所有事物在脫離創物者之手是善的，而所有事物交在人類手中時卻變惡。」他又說：「人無論對任何事物都不會保持它在自然中原有的樣貌，人也無法保持其原有的樣貌。……而且先見、權威、必然、模範及我們投身於其中的所有社會制度，已經壓抑了我們內在之中的自然。」

從這些話裏，可以看得出來，盧梭將人視為原本是善的，而認為使人變惡的是人為的東西。

以這樣的前提去思考教育問題時，當然必須考量到一點，那就是不扭曲人的善性，使其得以發展，因此，消極教育有其必要性。盧梭所謂的消極教育，源自盧梭重視孩子的自由性及活動性。

他認為如果忽視這些而只進行填鴨式的教育，那麼，將不會形成盧梭視為理想的自由人、自然人。因此他說，教育應該保護且不扭曲人與生俱來的善性。不過，這一點絕不是表示教育是不必要的、有害的。

「自然之友盧梭」紀念章
（1761年）

對早期教育的否定

如上所述，對盧梭而言，消極教育的想法，成為教育必須先依照適當的時期才行的想法。在『愛彌兒』第二部中，盧梭列舉出在教育中最偉大且最重要、最有用的規則。他認為便是：「不因爭取時間而失去時間。」

這句話究竟表示什麼呢？

據盧梭說，一個孩子並不是從吃奶的嬰兒期就立刻成為有理性的大人。果真如此，那麼就不需花費時間、精神去塑造他們。即使用盡了所有的精力，孩子也不會立刻成為大人。

盧梭認為，在十二歲之前人尚未具有理性，此一時期，在人生中是極其重要的時期，所以，必須依照自然的發展去進行教育。關於這一點，盧梭如此說道：

「在靈魂尚未具有所有精神的機能之前，孩子不能使用靈魂。因為孩子的靈魂尚處在盲目的時期，即使你給孩子看火把，他們也不認識。同時，對於更美好的事物，孩子也只具有非常小的理性，因此，孩子的靈魂不可能遊走在不太熟悉的，稱為『觀念』的廣大平原之上。」

由此可知，我們必須避免過早給予孩子知識及觀念。如果使用這樣的教育方法，那麼，便無法達成教育本來的目的，反而會愈來愈遠離孩子原有的樣貌。因此，盧梭如此說道：

「最初的教育必須完全具消極性。那不是教授道德及真理的教育，而在於從惡德保衛孩子的心靈，同時從品行不良保護他們的精神。如果你能什麼都不做，而且能使你的學生在十二歲之前無法分別左手、右手的話，就可以使他們健康而強壯。學生的悟性之眼，將會從你最初的教訓獲得開啟，開始有理性。學生將沒有偏見，也沒有任何習性，而在他們心中，將不會有妨礙你照顧他們的效果的東西，學生將會在你手中成為最聰明的人。只要你從什麼都不做、順其自然這一點開始，你就已經做了教育上令人驚嘆的一件事。」

這便是盧梭所謂的消極教育。

犧牲時間

因此盧梭說，不可以謾罵、責打、討好或威脅孩子。如此灌輸給他們知識。他也說，不要讓孩子瞭解討厭的事，應談論有關道德的事情給他們聽。因為，如果經常都向孩子說他們厭惡的事，例如道理、理論，要求他們去做的話，那麼，孩子必然會覺得那些都是令人厭煩的事，而且在他們尚未瞭解那些事情之前，就會不相信那些事情，這樣做很危險是理所當然的。為了避免發生這種情形，盧梭主張「犧牲時間」的必要性。

總而言之，盧梭認為孩子的身體有必要在孩童時期充分讓他們活動，使他們強壯，而精神方面，則有必要讓他們不要活動太多，儘量讓他們去遊玩。因此，我們必須讓孩子自由、放任，不可以認為自由，放任的時間是在浪費。關於這一點，盧梭如此說道：

「不可以像那些守財奴一樣，永遠都希望任何東西都留住卻失去很多。開始時不妨犧牲一些時間，未來你將和孩子再度獲得它，且連本帶利收回來。」

在孩童時期，在他們學習的時期，不妨讓他們優哉游哉，享受那段時光，什麼都不要教給孩子。這樣才是進行真正的教育，也是消極教育的本質。

尊重孩子的教育

以上想法，是盧梭根據孩子的自發性及重視孩子的自由而來。這樣的想法，也是尊重孩子本身的想法。也就是說，盧梭認為當孩子還是一個孩子時，就必須將孩子當作一個孩子來看待。

盧梭說：「當孩子尚未長大成人之前，自然希望孩子就是孩子。」他又說：「如果我們紊亂此一秩序，將會有年輕的博士及衰老的孩子。」

這樣的想法，也將成為今日關心孩子教育的成人的一個警告。成人動輒就想立刻在孩子身上找到大人，而絲毫不去思考，孩子在尚未長大成人之前，究竟是什麼？我們必須將孩子視為不同於大人的個體。關於這點，盧梭如此說道：

「人類在事物的秩序之中有其位置。孩子在人類生活的秩序之中，也有其位置。大人必須在大人的位置受到重視，而孩子則必須在孩子的位置被重視。自然給予每個人一個位置，並固定在那裏，依照每個人的素質，去處置其情念，這就是為了人類的幸福所能做的一切。」

如果不將孩子當作孩子去重視，孩子將不會成長為一個人。孩子必須擁有作為一個人的固有特性。也就是說，在其感覺事物方面，對事物的看法及方法，孩子有其獨特的性質。

絲毫不瞭解這種情形，很容易忽視這一點的便是大人。盧梭認為，如果「成人」這個名詞應該適用於大人的話，那麼「成童」這個名詞就必須適用於兒童。

盧梭之所以會有這樣的想法，那是因為他認為，孩子本身是一個目的，而他認為讓孩子在孩子的情境中成熟十分重要。在此我們也可以看到孩子本身的絕對性，由於他有這樣的想法，因此，他認為絕不可以為了不確實的未來而犧牲孩童時期。盧梭如此說道：

「為了不確實的未來而犧牲現在，而以各式各樣的束縛將孩子綁在為了遙遠的幸福而作準備，我們認為，孩子絕對無法享有真正的幸福，反而使孩童時代變得不幸。對於這樣的野蠻教育，我們應如何去看待呢？縱使這種教育在其目的上是合理的，但當我們看到孩子被動地服從於無法忍受的重軛，而且不知將來是否有用，卻被課以像勞改犯般勞役的不幸兒童時，誰會不憤慨呢？像這樣，本來應該享樂的時期，就在責打、威嚇、附庸及眼淚之中渡過。」

有鑑於此，盧梭認為我們必須遵循孩子所具有的自然去教育孩子。

以上，介紹了盧梭教育思想中最根本的想法，下面則簡單地依照順序考察『愛彌兒』一書所闡述的要點。

關於五歲以下孩子的教育

家庭教育

母親的角色

盧梭主張由母親哺育孩子的重要性。盧梭說：「最初的教育是最重要的，此一任務很明顯是屬於女性的。」他又說：「如果自然的創造者希望由男性去教育孩子，那麼，他將會為了孩子的養育而賜給男性乳房吧？」

盧梭說，這一點從表示教育之意的法文èducation在古代有「餵乳、撫育」等意義便可窺見一、二。

有鑑於此，盧梭認為：如果說人的教育從嬰兒一出生就算開始，那麼，嬰兒的第一個老師必須是生下他們的母親。因為養育孩子是母親的第一項義務。

盧梭將母親親自哺育孩子的義務的重要性和乳母哺育作比較，而區分出兩者的差別。被人以金錢僱用的乳母，對於孩子並無出自自然的愛心。乳母所要關心的只是如何使自己的工作更加輕鬆。因此，乳母不讓孩子有自由，因為如果一旦給了孩子自由，她就無法經常從孩子身上移開視線。所以，很自然地她會將孩子束縛起來，而且只要將孩子放在一個角落，就不會為孩子的哭聲而苦惱。

說得更極端一點，只要她沒有怠忽授乳職責的證據，沒有弄斷孩子的手腳，即使孩子夭折也沒有直接關係，不會有人追究，即使孩子變得虛弱也無大礙。乳母用衣服將該子包裹得像郵包一般，更有利於工作。如此一來，孩子由於襁褓的關係，會感覺很有束縛感，身體遭受妨礙，無法強壯地成長。

盧梭舉出上述的弊害，認為它會阻止孩子身體自由地成長。

沒有母親愛撫的養育，不僅會受到上述身體上的不良影響，同時對孩子的道德教育也會造成不良影響，結果，使孩子變成不孝順父母的孩子。

盧梭說，乳母這種人是以原本應該哺育自己孩子的乳水去餵別人孩子的壞母親。這樣的壞母親，不能成為好乳母。但是，有時習性會改變天性，使她成為一個好人。如此一來，就會發生不好的事情，那就是母親的權利會被分割，而且可以說，母親的愛會被忽略，結果親生母親不會比乳母更被自己的孩子喜愛。

而真正的母親會開始感覺到，孩子對她的愛只是恩情而已，但孩子對乳母的愛卻成為一種義務，因為孩子對於真正照顧自己的人會產生真情是很自然的。如此一來，又有何結果？

真正的母親為了改正這種劣勢，會讓孩子蔑視乳母，也會讓孩子像對待佣人般對待乳母。當不需要時便將孩子收回來或解僱乳母。這樣的母親，即使乳母想來看孩子也會拒絕乳母。如此過了數年之後，孩子連乳母的容貌都忘記了。

但盧梭說，這種殘酷的做法，以為自己已經取代乳母，或認為這樣做是在彌補過去根本沒有照顧孩子的遺憾想法，都是大錯特錯的。沒有骨肉親情愛撫的嬰兒，不會長大成為一個有愛的孩子。教孩子輕蔑乳母的親生母親，好像在教孩子將來也輕視自己。

母親親手養育孩子

有愛的家庭教育

如上所述，盧梭強調母親對孩子的義務是天經地義的。他甚至認為不這樣，那麼，所有的義務都不會有人去負擔。因此，盧梭說：「如果希望讓每個人都負起其第一項義務，那就從母親的義務開始吧！」由此看來，各位都能瞭解到，盧梭在教育上是多麼重視有母親的家庭教育。

關於這一點，盧梭說道：

「沒有母親就沒有孩子，在他們之間，義務是互相存在的。倘若其中一方沒有善盡義務，則另一方將會忽略對方。孩子在尚未瞭解母親的事之前，應該要愛母親。倘若不以習慣及關注加強血緣的親密度，則親情將會在最初的數年之內消失，而孩子對母親的愛可以說在尚未產生之前便夭折了。此時，我們一開始就在自然之外。」

孕育出自然之愛的家庭是真正有愛的家庭。母親善盡其義務與否對一個家庭帶來的影響，往往有著令人驚訝的力量。如果母親怠忽其義務，就會產生一切的退化、荒廢，而且道德的秩序也會惡化。結果，自然的事物將從所有人的心中消失。於是家庭的內部會喪失活潑、有朝氣的氣氛。此時，丈夫就會覺得這個家庭沒有吸引力。不照顧自己孩子的母親，無法得到別人的尊敬。如此一來，家庭就變成只是棲身的地方而已，結果，習慣再也無法加強血緣的連繫，家庭中已經沒有所謂的父母、兒女、兄弟、姊妹的關係。所有成員彼此互不知道一切事情，每個人都只想到自己。這樣的家庭將會是一個冷漠的地方。

盧梭說，因為這個緣故，人就必須在家庭以外的地方去尋求紓解、慰藉。一個充滿自然的愛情的家庭，便是塑造一個人的第一步，盧梭認為，其根本在於母親的愛。因此，倘若母親真正以愛心親手撫育其孩子，則連風俗都會自然地被改良。這樣的結果，將使人心中自然的感情被喚起，覺醒過來。於是，他強調家庭生活的意義而說道：

「家庭生活的魅力是對不良風俗的最佳解毒劑。有圓滿的家庭生活，原本覺得很煩人的孩子吵鬧聲就會變成令人舒服、愉快。父親及母親會變成彼此互相需要，關係更為緊密，彼此非常親密。這樣的羈絆會變得愈來愈牢固。當家庭開始很有朝氣、很有活力時，為了家事而花費心思就成為妻子最珍貴的工作，也成為丈夫最快樂的安慰。因此，只要將惡弊（家庭的冷漠）改正過來，一般的缺點就會立刻被改正。同時，自然會恢復其一切權利，使婦人再度成為母親、妻子，男性再度成為父親、丈夫。」

以上所說，原本是根據盧梭重視自然的教育觀點，不過，仍有從自然踏出去的其他途徑。那是盧梭對母親照顧孩子時的忠告：對孩子不可以超過必要，因為溺愛並不是來自母親自然的愛情。

在家庭中父親所扮演的角色

如上所述，在家庭中母親的任務逐漸受到重視，另方面，盧梭認為父親的任務也不可忽略。盧梭說：「真正的乳母是母親，同樣地，真正的教師是父親。」他又說：「如果希望孩子自然地受教育，那麼父親與母親在他們的方針上、職務上也必須一致。孩子必須從母親的手中交到父親的手中。」

對盧梭來說，與其由世界上最有才能的教師來教導，還不如由即使知識上較差但很有思考力的父親來教育孩子。那是因為與其重視才能不如重視熱忱，熱忱很能彌補才能的不足。盧梭說，真正的子女教育，應該從這樣的父親和母親的互相協調去做。

然而，世上的父親們經常以忙碌為藉口而忽略教育孩子的任務。盧梭說，父親生育及養育孩子只是盡了三分之一的任務而已。也就是說，父親是從人類借了人，從社會借了社會的人。而且父親也從國家借了國民。因此，身為父親的人有責任及義務使孩子成為一個人，成為社會人，成為國民，必須以此去償還其所有的負債。因此，盧梭甚至說，雖有能力償還所有負債卻不去還的父親，是一個罪人。無論多麼忙碌，也應親自教育孩子。

因此盧梭認為，如果父親及母親視各自的職份去合作，便能善加養育孩子。但是，正如上述此事必須完全以母親自然而完整的愛為中心。關於父親及母親所作的家庭教育的重要性，盧梭敘述如下：

「沒有比家庭生活這句話更好的東西。但是，就算缺少了一條線，其他的線也會因此而被毀掉。如果母親作為一個乳母非常不健康，而父親想擔任孩子的教師的話，將會忙碌不已。因此，離開父母身邊被送到寄宿學校及修道院的孩子，會將父親在家中給予的愛帶到其他地方去。說得更正確一些，孩子們會帶去對任何事情都依戀不捨的習慣，而兄弟姊妹之間會變成幾乎互不相識的情形。……」

教育孩子的方針

盧梭考量，如何才能使此一時期的孩子很自然地、很自由地接受教育，而舉出四個定律。

第一定律——「只給自然對孩子所要求的能力。孩子不僅沒有過多的能力，甚至連充分的能力都沒有。因此，必須讓孩子儘可能地使用一切力量——這是由自然所賦予的力量，孩子不能濫用它。」

第二定律——「在肉體上所有的慾求，無論是知識上或體力上的，都必須彌補為了滿足這些慾求而缺少的東西。」

第三定律——「人給予孩子的幫助，必須僅限於實際上有益的東西，此時不可以任意去做，也不可以遵從孩子的慾望，讓他們恣意而為，因為任意行事不屬於自然的範圍，所以，只要讓孩子不產生這種情形，這件事就絲毫讓孩子感到困擾。」

第四定律——「必須注意研究孩子所說的話以及表示內心世界的舉止。那是為了要在他們仍無法區別的年紀時，我們可以從孩子的慾望之中，區別它們是直接來自自然，或是並非來自自然。」

關於以上定律的目的，盧梭說：「在於給予孩子更多真正的自由，而給予我們更小權利，並且讓他們自己去做事，而讓他們更不需要別人。」也就是說，自然的造物主賦予孩子能力，但只給他們一點點能力而已，以免孩子使用這些能力時導致太多的損害。因此，我們可以讓孩子自由地使用這些力量，就算萬一孩子破壞了東西，也絕不是有惡意那麼做。

善惡的區別是以理性而行，但這個年紀的孩子尚未具有理性，孩子之所以會破壞東西，是活動力的呈現，只不過這件事以破壞東西的動作呈現出來。對孩子來說，創造和破壞都是同樣的一件事。以大人的權利去限制這孩子的自然，是不好的，如果想以責打來限制孩子，那麼，孩子必定會變得易怒，或是容易引起反抗，不會成為一個直率坦誠的人。

華頓所作的盧梭胸像

不過，孩子在開始時是以哭泣表示慾

望未獲滿足的不滿。孩子無自己的力量去滿足一己的慾望，因此，我們必須幫助他們。但對大人來說，孩子的哭聲往往是一種命令，有時也是要求服從的表示。因此，如果給予超過必要的幫助，那麼孩子會開始想由別人的幫助去得到超過自己能力的東西。於是，孩子就變成權力性的人。

像這樣的事必須嚴加避免，為此，我們必須善加分辨孩子所要求的東西是否真有其必要，也就是是否由自然而來，並非勉強。

如上所述，在孩子幼小時就依照孩子的能力去滿足其慾望，甚至限制超過能力的慾望，只要如此培養習慣，即使沒有能力獲取超過必要的東西，也絲毫不覺得痛苦，能遵循自然去教育孩子，是盧梭認為最理想的方式。當孩子哭泣、任性時，就不要管他們，讓他們儘情去哭吧，此時所要的，毋寧說是大大忍受這件事的忍耐力。如果能贏過孩子的任性，那麼孩子就會感到洩氣，會變成除了自然之外都不哭泣的人。

五歲到十二歲的感覺教育

不可懲罰

此一時期的孩子，即使有了感覺，也尚未具有理性。理性對人來說，是最後才出現的東西。因此，此一時期的教育是感覺教育，不可使用理性去教育孩子。基於這樣的理由，盧梭認為以嘴巴去訓誡孩子是無意義的。孩子應該是從經驗，也就是從事物本身取得教訓。

盧梭又說，對於孩子任何一種懲罰都不可以使用，因為孩子不知道他們所做的事為何是錯的。他也說，絕不可要求孩子道歉，因為孩子不瞭解大人為何會生氣。比方說，孩子有時會損害昂貴的家具，但此時他們並非有惡意如此做。對孩子來說，那並不是一件壞事，只不過是孩子所具有的生命力的呈現。因此，我們必須將孩子容易破壞的東西放在他們搆不到的地方。孩子無理性的行為中，並沒有真正的道德性，孩子無法做任何有道德的事。因此，孩子沒有任何接受懲罰或叱責的觀念。此時必須實行消極教育，這是為了保護孩子不受到惡德或錯誤的精神所害。而這件事絕不是勉強地教導孩子道德或真理。

消極教育毋寧說是在將來開始給他們實行使用理性的教育之前，為了充分奠定基礎的一種教育。因此，在孩子的理性尚未發達之前，不可使用理性，而要先充分放任孩子，使任何性格之芽都能自由地萌生，必須先如此充分瞭解孩子，然後再瞭解孩子需要怎樣的道德上的統治。

大人應成為孩子的模範

如上所述，在教育孩子時我們必須謹記：「在想要塑造一個人之前，自己必須成為一個人。」也就是說，大人自己必須成為孩子的模範。

因此盧梭說，大人必須讓所有的人尊敬。為此，必須變成讓所有的人喜愛的人。於是盧梭說：「如果成人不能成為他周圍所有人的老師，那麼，他將不會成為孩子的老師。」而且大人所具有的權威，「如果不是基於尊敬道德而出發，那是絕對不夠的。」這是我們必須銘記在心的。

如何實行知性的教育

盧梭反對孩子太早就讀書、寫字的教育。關於這一點，他提出如下的警告：「一般而言，人會因被督促而獲得某些東西，而另一方面，人也能非常確實又迅速地懂得如何不被人督促。」

這樣的想法，也許可以認為由於強調孩子的自主性而來，不過，這種想法毋寧說是從重視孩子能力的發達階調而來。盧梭說：「記憶力和推理力在本質上是不同的能力，它們只有合在一起時才會真正發達。」

如上所述，此一時期的孩子，理性尚未發達。也就是，他們沒有真正的記憶力，有的只是對於事物的印象而已。也就是說，尚未具有理性的孩子雖然能接受印象，但仍無法接受觀念。在此所說的印象，便是心中所感覺到的感覺性事物，亦即只是影像而已，而觀念則表示由各種關係所決定的事物的知識之意。孩子還無法看到這一層的各種關係，他們看事物時，只能看到其表象而已。他們捨棄了各種複雜的關係。

就此意義而言，孩子只能看見所看的對象，因此，孩子無法真正瞭解其真正意義，對於對象也無法有真正的判斷。由此可見，我們應該說孩子無法具有真正的記憶。

總而言之，據盧梭說，此一時期的孩子一切的知識都在感覺之中，不會超出這個範圍，也就是沒有任何已經達到理解程度的事物。

因此，即使想教孩子如上述的超出其能力範圍的事，那也是全無意義的。比方說，教他們歷史、地理、外語等等，也是徒勞無益的。因為學習這些科目需要觀念，但這些科目都是超出孩子能力，而且違反自然秩序的學科。關於這一點，盧梭如此說道：

「如果自然給孩子的腦部適合於接受各種印象的彈性，那並不是為了要讓孩子將國王的名字、日期、紋章學、天文學及地理學的術語刻劃在腦海裏。而且這些東西對此一年齡層的孩子是無意義的，不管到什麼年齡也是沒有用的。而我們並不是想用這些東西使孩子的童年時代變成空虛無聊，而是為了要讓孩子認識對自己有用的一切觀念，以及有關幸福的一切觀念，還有，有朝一日關於孩子的義務的觀念一定會啟發他們的一切觀念，很早就以無法消除的文學描繪在孩子的腦海裏，也是為了孩子在其一生之中，以適合於其身分及能力的方法，有助於引導自己。」

因此盧梭說，對於此一時期的孩子，最好還是要給他們書籍。那是使孩子最不幸的工具。盧梭甚至說：「讀書是童年時代的災害。」不過，他並未否定只讓孩子起碼能認字一事，因為這件事是為了有朝一日讀書變成對孩子有用時所必要的，對孩子來說，在讀書仍無必要時只會讓他們覺得無聊而已。

身體訓練的必要性

相反地，盧梭認為此一階段孩子的身體訓練反而比較重要，他說：「為了使孩子變成聰明、有分辨力，就必須使孩子身體強壯。」他又說，為了鍛鍊孩子的身體，必須讓孩子白天經常都在活動。如果孩子變得強壯，那麼，孩子會以他們的理性成為聰明的人，盧梭是這麼想的。

這一點表示盧梭非常重視孩子遵循於來自其內在的生命力。那是不可以命令或監督去控制的力量。如果依內在自然的要求而四處活動，那麼，精神也會變得活潑、敏捷。因此，身體的活動、鍛鍊對精神的發達是極其重要的一件事。

就此意義而言，不斷地注意孩子的安全，命令、阻止孩子自由地活動，反而是一件危險的事。習慣於此一模式的孩子，舉例來說，即使肚子餓了，如果不被人命令他們會讓自己空著肚子，不敢吃任何東西。而且即使覺得有趣，他們也變得不會笑。

因此盧梭認為，讓孩子隨著自然的方向所趨，先使他們的身體變得健康。如此一來，便可促進理性的發展。像這樣以活動身體的教育去教導孩子使用力量的方法，而且也可教導孩子和圍繞身體的東西之間的各種關係。

另外，則可教孩子在伸手可及的範圍之內，適合於其器官的使用自然工具的方法。孩子是以其身體，也就是以其感覺去瞭解這一點。

關於這樣的想法究竟正確性如何，盧梭從我們最初的研究是有關自我保衛的一種實驗物理學來加以說明。也就是說，人的第一個自然的衝動，是以圍繞人的一切事物去判斷自己，而在能發現和自己有關的感覺性對象中去作嘗試，這些全都是為了自我保衛的需要。因此，我們就必須以感覺去學習。

就此意義而言，盧梭說首先必須從手、腳及眼睛去學習。那是因為，進入人的理解之中的一切事物都是經過感覺而來，所以，人最初的理性必須稱為感覺性的理性。觀察各種關係的理性便是從這些理性發展而來。

感覺訓練

從上述的想法來考量，對此一時期的孩子而言，最重要的教育，便是對感覺的訓練。孩子在理性方面確實比不上大人，但在味覺及嗅覺等感覺方面，和大人幾乎是一樣的。這些感覺在我們各種能力之中，是發達最早且完成最早。因此，在此一時期必須訓練感覺，而且正如上述，這件事是為了往後真正會萌芽的理性教育而做的。

因此盧梭認為，經由此一階段對孩子實行五感的教育，孩子開始能獲得「第六感」。這個名詞並不是現在我們所用的意思，盧梭將它用在特別的意義上，盧梭也稱它為「常識」。這是善加調整感覺而加以使用的結果，也是結合事物的一切外觀而瞭解事物的本性。也就是說，它並不是我們由特別的器官而產生，毋寧說應稱為觀念。盧梭認為，感覺訓練的目的是為了獲得這樣的觀念，不過，這是最後一個階段的問題。

十二歲到十五歲的理性教育

理性的覺醒

如果前一節所說的時期，是以感覺教育的時期為特徵，那麼，此一時期便可以說以理性教育的時期或知性教育的時期為特徵。當我們的心主要依照感覺發揮作用的時期，精神是被動的。那是因為，精神依存於圍繞它的環境。但是，此一時期的孩子理性逐漸覺醒，而精神也趨向主動。

據盧梭說，理性的本質便是主動。他認為，這種主動的力量便是從此一時期的特徵——體力過剩所產生的。

據盧梭說，十二歲到十三歲時，孩子的體力比慾望發達得更為急速，這種情形會一直持續到十五歲左右。當人的慾求超過其體力時，就會變得脆弱。那是因為，我們的慾望在這樣的時候無法以自然所賦予的體力去滿足。相反地，如果體力勝過慾望的話，此時人的力量是強大的。

盧梭說，從十二歲到十五歲之間正是這種狀態的時期，因此，縱使此一時期孩子的體力在其人生不是絕對最強的，卻也相對性地呈體力最強的狀態。而此一時期在人生中最重要的一個時期，而且它非常短暫，要善加利用很不容易。

因此，此一年齡層是體力過剩的時期，但其他種種都不足的年齡，而體力應如何去使用呢？盧梭說，此時應在有必要時將力量用在對自己有利的地方。也就是，現在剩餘的體力必須為了未來而儲存起來，那麼，應如何儲存，又儲存在何處呢？那是自己本身的內部，也就是自己的頭及手之中。也因此，此一時期成為教訓的時期，是勤學的時期，也是活動的時期。而且此時必須注意的是：作這樣指示的是自然本身。

有鑑於此，盧梭特別重視為了獲得知識的教育，以及為了勤勞的教育，兩者是此一時期的目標。

知識的教育

盧梭認為，成為知識教育的原理等，是好奇心及知識的有用性。盧梭說，成為此一時期孩子思考活動原動力的，是方向正確的好奇心。

而且根據盧梭的說法，這種好奇心的第一個原理，在於想要獲得幸福的天生的慾望，絕不能完全滿足其慾望。這一點使孩子不斷地探究對這件事有用的新方法。因此盧梭認為，由於這種自然的好奇心所求得的知識，便是我們首先應去追求的知識。

以有用性的知識為基礎

給予孩子知識時，和選擇適切的時期一樣，也必須選擇其內容。那是因為，我們所獲得的知識必須被限定。盧梭說，我們沒有必要知道一切，我們必須知道的是有用的知識。

那麼，具體地說有用的知識究竟為何?盧梭說，那是實際上對我們的幸福有所貢獻、助益的東西，而且是微小的東西。只有那樣的知識才是值得聰明人去探究的，因此，那是適合於我們想讓他們成為聰明人的孩子的知識。

但為了讓孩子獲得他們適用的知識，必須限於孩子能充分瞭解的事，而且必須完全依照孩子的自然去教導他們。即使那些知識本身是真理，如果會使尚未具有經驗的孩子對其他事物有所誤解的話，那就必須避免。

大人必須教孩子對他們那個年齡有用的事，也必須知道，即使教孩子有用的事，一旦他們不能自覺所學是那麼有用，那也是徒勞無功。因此，盧梭想以「有用」一事，依照孩子的發展且依照其需要，讓孩子自己去學習知識。

如此得到的知識，其特質在於它是「觀念」。盧梭說：「從比較繼續性或同時的若干感覺，以及從如此做所產生的判斷，形成了一種混合、複雜的感覺。」那就是觀念。但是，觀念必須和感覺嚴加區分開來。

那麼，感覺和觀念有哪一點不同呢？據盧梭說，那就是感覺上的判斷完全是被動的，相對地，觀念上的判斷是主動的。

也就是，在感覺上，只是對於我們所感覺的某件事斷言感覺到而已，相對在觀念上，我們只會搬出感覺所無法決定的關係去作比較、決定。因此，由於理性的作用而產生的觀念是主動的，因為理性的本質便是主動的。不過，這樣的感覺仍是以感覺為前提。此一主張，便是盧梭的特色。

勞動的相互依存性

如上所述，盧梭此一時期孩子的特色定為過剩的體力，他認為為了將來必須將這些體力儲存起來，這不僅僅有益於生活而用，據盧梭說，在教育上這也具有很大的意義。

首先，這對瞭解人類的社會關係非常有用。在孩子尚未真正成為社會的一份子之前，對於形成所必要的觀念有用。

因此盧梭說，當我們必須教孩子社會上人與人之間相互依存的關係時，與其從道德方面去教孩子，還不如讓孩子的注意力轉向產業及工藝。將孩子帶到各種不同的工廠去，讓他們在那裏實際工作或觀察。盧梭如此提倡實地教育，那是因為「孩子從事一小時的勞動，可以獲得比為他們說明一天更多的東西」。

他又說，社會的相互依存性，只讓孩子使用工具也能讓他們瞭解。也就是，孩子在使用工具時，會開始瞭解到將自己的工具借給別人，或是和別人交換使用等做法的利益。因此，孩子也能知道「交換」一事使這個社會得以成立，而也只有如此才能在孩子的心中形成社會關係的觀念。

以手工為職業

社會上的人全都有為了職業而勞動的義務。盧梭甚至說，無所事事而以吃飯為業的人是盜賊，他又說，靠國家給他年金而過生活的人，是給過路人帶來麻煩的強盜。因此他認為，自己的生活必須靠自己的勞動去生活。

盧梭說，對人而言，在給予人們生活糧食的工作之中，最接近自然狀態的是手工。他從靠手工維持生計的工匠那裏，看到了完全的自由。工匠在所有的身分之中，是最獨立的人，且命運也操縱在自己手中。也就是說，工匠依靠自己的勞動，不會像農耕者那樣受到天災的威脅，他們的收穫不會受到別人的侵害。就此意義而言，工匠是自由的。

而誠實正直的職業至少是必須和人道沒有矛盾，不違反人性的，且它同時必須是有用的。盧梭說，這樣的考量成為選擇職業時的根本原則。因此盧梭認為，此一時期過剩的體力必須儲存於手中。

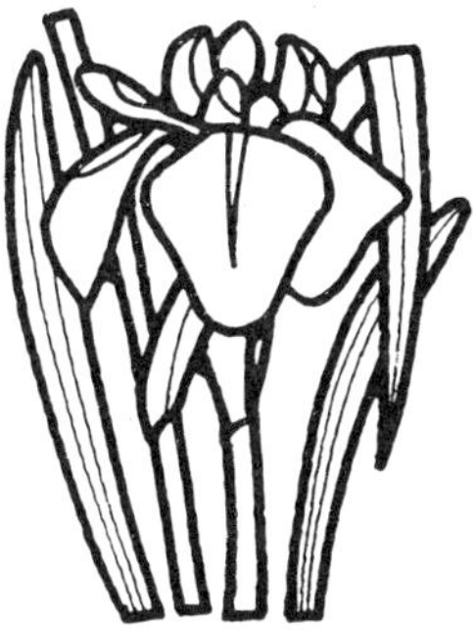

十五歲以後的感情教育

我們應出生二次

盧梭認為，在十五歲之前孩子必須擁有健全的肉體，且必須教育他們具有公正的精神。但在此一階段，孩子尚不懂人與人真正的關係，也就是真正的人倫關係。在此一狀態之下，人不能說是過著真正的人生。

於是盧梭說，我們以十五歲為界線，過此界線應開始過著不同以往的人生。也就是說，人是出生二次的，最初是為了存在而活，接著則是為了生活而活。換言之，一次是當作「物種」而出生，接著便成為「性別」而出生。此即人一到這個年齡時開始覺醒於性別，而意識到異性的存在。而且此一時期凡是有關人的事物無一不和自己有關，所以對別人也產生感情。於是，從此一時期開始人變得不再孤立。也就是說，在此一時期開始第二個人生，盧梭說，這便是我們真正的人生。這一點代表了人成為社會人的意義。因此，由於這第二個人生的開始，也可以說真正的教育也開始了。此時，盧梭將目標放在感情教育，使一個人變得完美。

自我愛

據盧梭說，人最基本的衝動是自我愛。也就是，人最初的感情是有關其存在的感情，人最初的顧慮是自我保衛本身，這就產生了自我愛。而這種自我愛是人與生俱來的自然感情，且其他一切事物就某種意義而言不過是其變形而已。盧梭認為，這種自我愛一直在支配十五歲以前的孩子。

盧梭強調，這種自我愛絕不是自尊心或利己主義，他說：「自我愛引導一切的動物將注意力向著自我保衛上，而在人方面，理性被引導，也被憐憫所改變，產生了人性及道德等自然的感情。」因此，必須嚴加區分和它類似的自尊心。

那是因為「自尊心引導每個人做自己的事多過做別人的事，在這個社會中所產生的相對的、人工的感情。」而且它將人互相造成的一切惡傾注於人身上。

但相反地，自我愛經常是善的，且和我們本身有關，它只要滿足我們真正的慾求便感到滿意了。

憐憫

如果以上的自我愛，是只和自己有關的感情，那麼，憐憫便是指和其他事物之間關係的感情而言。

以此意義來說，盧梭說憐憫的感情使人具有社會的第一步。他說，這種憐憫的感情雖是從自我愛衍生而來的，但他也說：「憐憫是依照自然秩序而接觸人類心靈，最初的相對性感情。」

人產生如此的憐憫之情，是由別人之間的關係而來，據盧梭說，使人成為社會性動物的是人的弱點。也就是人所具有的作為一個人的脆弱、悲慘，使人成為彼此互相憐憫的動物。

盧梭說：「一切的愛情都是不足的一種表現。」因為什麼都沒有需要的人，什麼都不能去愛。因此，我們與其說由於同胞之情，不如說由於痛苦之情而使人對同胞產生愛情。

盧梭說，我們對同胞的感情更能看出我們的性質的同一性，以及對同胞之愛的保證。他又說，我們共同的不幸使我們以愛合而為一。而盧梭說，幸福之人的那種模樣，毋寧說會讓我們嫉妒。

總而言之，我們本來是使自己和不幸之人同一化來憐憫別人、超越自己的。

盧梭說，為了培養這種最初的感情，不可以讓孩子看到人表面上多采多姿的樣子，而讓孩子對人有錯誤的想法。據盧梭說，人天生是一個存在的東西。關於這一點，盧梭敘述如下：

「人生天就不是國王，也非具有高位高官身分的人，不是朝臣，也非富翁。所有的人都無法避免人生的悲慘、痛苦、貧窮等一切種類的痛苦。最後，每個人都不免一死。這便是人的真實，便是人無法避免的。」

於是，不僅自己能感到人的憐憫，也能在同胞中感到自己的方法，以這種方法去感覺時，才能產生憐憫的感情。有這種憐憫之情的人，並進入有道德的秩序之中，才會開始走向通往作為一個社會人的道路。

感情教育的定律

為了培養上述「憐憫」之情的定律，盧梭將之整理為如下三項。

第一定律——「人的心不會將自己放在比自己更幸福的人立場，而是將自己放在比自己更可憐的人的立場去看事物。」

第二定律——「我們只在別人身上看到自以為是人本身無法避免的不幸，而去可憐他。」

第三定律——「對於別人的不幸，我們的憐憫之情不是以不幸的量去衡量，而是以歸咎於遭受此不幸的人的感情去衡量。」

由此看來！我們的憐憫之情，是站在想像比我們更不幸的人的立場時所產生的。而且當我們想像著別人由於不幸而如何痛苦時，它會成為真實。

因此，盧梭認為必須教孩子愛所有的人。我們可以說，這一點便是感情教育的根本。

神

盧梭從良心探求人類行為道德性的根源。他認為只要是來自蒼天的聲音，便是良心。良心的問題和宗教有著密切的關係。

宗教的問題，在『愛彌兒』一書中，特別是「沙固瓦助理主教的信仰告白」一節被提及。盧梭之所以在教育書籍『愛彌兒』中觸及神的問題，他認為為了人類道德的完成，有信仰的必要。不過，他之所以會如此做，可能也是由於對反宗教的『弗洛卓夫』的批判而來。

盧梭為了引導出神的存在，首先從人的存在出發。據盧梭說，人是帶著感覺而存在的。這種感覺是由人的內在所產生，而其原因則在人的外部。這一點表示了，人的外部有物質的存在。

另外盧梭也說，物質是以休止及運動這兩種方式而存在的，而對物質來說，運動並不是一種本質性的特性。也就是說，物質沒有讓自己運動的能力，為了運動，它必須受到其他某些運動的推動。因此，由物質所構成的宇宙是由於外在的某些原因而運動。

於是盧梭認為，必須有一個讓宇宙運動，給予自然生氣的意志。而且這種運動有一定的法則。由此看來，我們必須承認理智的存在。

如上所述，盧梭因為承認推動宇宙的意志，以及以一定的法則支配宇宙的理智，所以，他引導出神的存在。關於神，盧梭敘述如下：

「慾望能實現的存在者，自己便是主動的存在者，也就是說，無論何者能讓宇宙運動，給予一切事物秩序的存在者，我稱他為『神』。我將理智、力量及意志的觀念合而為一，和此一名稱結合起來，也將其必然的結果——善的觀念結合起來。」

據盧梭說，以上對於神的崇拜，是以自然本身去教導孩子。因此，為了信仰並沒有學問及知識的必要，濫用這些東西反而會產生無信仰。有鑑於此，盧梭認為人毋寧說應該閱讀自然，它是以所有人的眼睛都能看見，所有人的靈魂也都能瞭解的話所寫的書籍。這一點對盧梭來說，表示信仰是人自然的感情，也就是良心的意思。

就此意義而言，盧梭的宗教是站在自然宗教的立場。以良心為基礎的宗教，可以說因此而具有個人主義的傾向。

但正如後述，如果人發揮其良心，具有道德而成為社會人的話，那麼以盧梭來說，宗教已經不限於個人的，可以說它也必須成為社會成立的根本。

良心

據盧梭說，人是自由的存在體，人在其行為上是自由的。當盧梭說人是自由的，那也表示人在作惡方面也是自由的。關於為什麼神將人創造成這樣，盧梭推測，由神的眼光看來惡是微不足道的，或者因為神禁止作惡，拘束人的自由，反而使人去做更大的壞事，使人的本性墮落。

但據盧梭說，神將人創造成自由的人並不是為了讓人選擇去作惡，而是為了要他去行善。也就是說，神是為了讓人獲得幸福而賦予人自由。盧梭認為，使人變成不幸之人、邪惡之人的原因，在於人濫用其能力所致。作惡的是人本身，惡是人產生的。

那麼，究竟人應以什麼去引導出善的行為。以盧梭來說，那絕不是高深的哲學原理，而是自然以無法消除的文字書寫在心靈深處的東西，也就是良心。

又據盧梭說，那是所有的懷疑論中最好的。因此，我們對於自己想做的事只需找自己本身商量即可。也就是說，自己覺得最好的事，全都是善的，而覺得不好的，全都是惡的。

在良心根底的，是自我愛。盧梭在『致克里斯多夫・波蒙赫的信函』（一七六二年）中說，自我愛有兩個原理，其一是感覺性的，而且注重肉體的滿足，另一個則注意秩序之愛。使人成為社會人的是後者，而唯有後者會使人變成只是一頭獸而已。

盧梭所說的神的善，也是秩序之愛的意思。在此一範圍之內，良心終極是以神的善為目標，而神和良心應是一致的。

以上已經提及的自然宗教就在這樣的情況下成立的。因此對盧梭來說，良心是一種神聖的本能，而認為那是不死的天籟。

良心是無知而有限的，但它是一個知性而自由存在，確實、可知的指導者。而且它也是一個審判官，使人成為類似神的而不會犯絕對的善惡這種錯誤的人，人因此而能使自己的行為具有道德性。

以上所說的良心的決定，以盧梭來說是感情性的，這一點便是它的特色。

如上所述，良心是從自我愛發展出來，這一點也是很清楚的。盧梭說，人不是因為想要行善而去學習如何避免作惡，而是從自然接受了此一意志。再者，正如人對自己本身的愛是出於自然一樣，人喜「善」而憎「惡」也是出於自然，而且是天生的。

對盧梭來說，這一點並不表示人天生便對善有所認知。盧梭說，人沒有那樣的認識或觀念，他又說，理性讓人認同善，而良心立刻使人去愛它。因此，盧梭說：「良心會和理性一同發展。」他認為，瞭解善的理性或知性也有其必要，但是，被視為感情的良心，對人而言完全是自然的，它先行於一切事物。因此，以盧梭來說，遵循良心便是遵循自然。

由此看來，我們可以說盧梭的思想根底中存有感情的邏輯。而盧梭以感情這個名詞所表示的意義，並不一定都相同，但無論如何，以盧梭來說其思想的特色便是作為自然的事物的感情，比理性更佔優勢。這一點可以說和狄德羅將自然的事物當作理性的想法成為對比。因此，狄德羅重視自然科學，相對地，盧梭毋寧說是反科學的，這一點可以說是從以上的對比而來。

如上所述，盧梭對此一時期孩子的教育，是以感情教育為中心而實行，他認為，為了要讓孩子進一步瞭解社會或瞭解人，有必要讓他們接受歷史，上面已經提及的有關宗教、性的教育，以及各種經驗。如此才能使孩子逐漸成為一個人。

關於女子的教育

以結婚完成教育

據盧梭說，人一直單身是不好的，因為受過作為一個人的教育之後，人必須以結婚進一步去完成它。盧梭說，性是令人驚嘆的社會關係。因為自此時起產生了可謂女人即其眼睛，男人即其手臂的一種道德性人格。一個人唯其如此才能真正成為完整的人。當我們考慮這樣的婚姻時，首先必須考量女性的特質。

據盧梭說，男女在撇開性方面不談時，有著同樣的器官、同樣的慾求、同樣的能力，這一點並無不同之處。也就是說，兩者作為人都是相同的。而男女的差異，是從性的觀點去看時產生的。但盧梭認為，我們以此差異而說男女之間有優劣之分。這一點在盧梭看來是意味著強調男女各自的獨自性，而這也意味著，男女之間應彼此互相截長補短。也就是說，據盧梭說：「由於兩性的結合，男女各自在共通的目的方面，平等的共同之中有著共同的目的。」但這不是同樣的方法去做。由於方法的不同而產生無法在雙方道德關係中所規定的不同。

盧梭以男女的不同，即男性的強勢及其主動性，女性的弱勢及其被動性，作為兩者的分別，而這種強或弱、主動性或被動性合而為一，如此一來，便完全成為一個人。因此，正如男性完全是一個男性而有其價值，同樣地，女性也因為是一個女性而有其價值，如果女性作為一個男性的話，那是毫無價值的。因此，盧梭主張女性必須接受教育以發展其作為女性的長處。

女性的特性與義務

如上所述，當我們看有別於男性的女性的特異性時，其中當然包括了身為女性的固有義務。

正如上述，男女之間的差異，在於前者是主動的，而後者是被動的這一點。這也可說成：「男性必然地想要，而也必須能做到，必須具強烈的意志及力量，女性

『新艾洛伊茲』的插圖，初次接吻

則在稍加抵抗之後才顯現其力量。」盧梭又說：「女性特別被創造成受男性喜愛的樣子。」總而言之，這是表示女性乃弱勢的存在。

而盧梭進一步地使這件事貫徹到底，並說：「如果女性被創造成受男性喜愛及被男性所征服，那麼，女性必須成為對男性而言是一個快適愉悅的人，而不能向男性挑戰。也就是說，女性的力量在於其魅力。」由此看來，女性的第一項義務可以說是受男性喜愛。更進一層來說，女性必須以其魅力去發掘男性固有的力量，並去使用此力量。

據盧梭說，為了促進此力量的出現，最有效的方法便是以與生俱來的抵抗力去拒絕。關於女性，康德說：「女性是拒絕者。」盧梭大致便是如此的意思。

而且身為女性，所以負有特別的義務，那就是生育孩子、養育孩子的義務。尤其是為了教育孩子，女性必須具有耐性及溫柔的性格。另外，遇到任何事情都不會氣餒的熱忱及愛心。還有，女性的義務使父親和其孩子聯繫在一起，形成一家團圓、和樂融融的氣氛，一個母親在這方面扮演了極為重要的角色。如果沒有女性盡其義務，那麼人類必將滅亡。

女子的教育

女性是否只要裝扮自己、做家事、帶孩子，而完全無知也無妨呢？盧梭說，那不是自然的教導。盧梭說：「自然希望女性思考，能作判斷，懂得愛，也有知識。再者，也希望女性像注重儀容一樣能訓練其精神。」

這些可以說女性的武器，自然將這些武器賦予女性，是為了增強其力量，引導男性。因此，盧梭認為女性必須學習許多適合於她們的事情。由此看來，女性絕不僅是女性的一個女佣人。

盧梭說，男性和女性之間的關係必須有適當的教育。那麼，適當與否以什麼去判定呢！關於這一點，正如上述，男女必須相互彌補，盧梭進一步將這一點說明如下：

「男性和女性都是為了彼此而被創造出來的，但他們這種相互的依存性是不平等的。也就是說，男性是依照其慾望而依存於女性，而女性則遵循其慾望及需求而依存於男性。……女性為了獲得她們所需要的東西，以及為了保持她們原本的狀態，男性必須給予女人其所需，且必須希望將它們給予女性。男性也必須認為女性是值得讓他這麼做的……女性從屬於男性的判斷。」

換言之，盧梭認為雖然女性和男性是平等的，且認同他們各自的獨自性，但毋寧說女性是依存於男性而生活的，可以說女性從屬於男性。不過，他這種想法絕不是輕視女性，而是他認為是自然使女性變成如此，因此他說，自然給予符合那種地位的女人一些教育。在生育、養育方面，女性所具有的影響力非常大。男性必須從這一點去考量，去教育女性。關於這一點，盧梭敘述如下：

「首先，孩子的體質完全視其母親的體質如何而定。人類最初的教育是依賴女性負責。更進一步來說，男性的品性、熱情、興趣、快樂以及幸福都依存於女性。因此，女性的一切教育必須和男性有所關聯。」

而且女性的教育毋寧說必須是為了男性而做的。因為女性的義務是受男性喜愛，作為男性的役使，獲得男性的愛情及尊敬，培育男性，照顧男性，安慰男性，成為男性商談的對象，使男性的

『新艾洛伊茲』的卷頭插畫

生活舒適而無後顧之憂，而這是必須從幼小就非教女性不可的事情。據盧梭說，如果對於女性的教育是脫離這樣的原則的教育，那麼，因為這和男性的教育大有關聯，所以，不僅無法帶給女性幸福，同時也無法帶給男性幸福。

順從的教育

女性的教育是為了男性，這個想法在盧梭有關子女的教育方法的思想上，也很明確地表現出來。據盧梭說，女性必須順從，因為女性必須服從男性的判斷。所以，盧梭認為對女性而言最重要的便是服從。那麼，應該如何做一個順從的女性呢？首先，為此有必要不斷地讓女性工作。

如此一來，女性就會習慣於受人拘束。這一點非常重要。因為女性天生就被創造成必須服從男性，如果不這麼做，將會遭遇大不幸。因此，女性必須被教育成平日就習慣於受拘束，且不會感到痛苦。習慣是人的第二天性。但此時必須注意的是，當使女性變成服從的人時，不可威脅她們，使她們痛苦。

如上所述，盧梭的想法乍看之下有輕視女性的成份。但女性是否只要乖乖地順從男性，成為男人的奴隸一般的人就可以了呢？或者，女性只要化妝將外表修飾得很美麗，是自己受男性喜愛就可以？

盧梭對此一想法加以否定。也就是說，盧梭認為正如男性支配女性一樣，女性也支配男性。而且女性雖然服從於男性，但也必須支配男性。

盧梭說，女性有一種獨特的能力及才智。當然，女性的美麗也會成為支配男性的力量。但這種會隨著年紀而衰退，因此，女性真正的智謀應是才智。這是一種「利用男性的方法，也是利用男性固有的優越感的方法」。如此一來，女性就不會成為男性的奴隸，而是成為男性的伴侶。

盧梭說，有如此的才智才能保持良好的家庭關係，因此，女性的才智除了來自細膩而不斷的觀察之外，無法從其他地方取得。而它會使女性在每一瞬間注意著男性內心所想的事，使女性依照男性每個隱藏著的感情動向，去阻止或促進其發展。這種必要的能力，是與生俱來的，絕不是由學習而獲得的。男性雖然不像女性有這種能力，但對女性而言，這是一種共同的能力，每個女性都具備了。

盧梭說，女性將敏銳、洞察力、細膩的觀察力當作學問而去擁有它們。利用這些能力，便是女性的才能。

由此看來，女性絕不是次等的人。但依盧梭的想法，這並不意味著女性對男性有支配權。盧梭堅決認為，女性應是居於男性的支配之下，如果不然，那麼，我們就不能期待會有真正的家庭秩序。

總而言之，女性是以其才智巧妙地支配男性，如果說男性的支配是積極的支配，那麼，女人的支配可以說完全是消極的支配。

儘管盧梭認為女性有這種特別的才能及角色，但在這種情況下，自然還是應該在男性的權力支配之下運作。盧梭認為，正因如此男女之間應各自視其特性而相互彌補。

蘇菲（理想的女性、婚姻）

盧梭在『愛彌兒』一書中，讓蘇菲小姐登場，想使她成為此書男主角愛彌兒的妻子。在此書中，蘇菲及愛彌兒都被寫成同樣受過符合自然的人。再者，蘇菲的出身良好，氣質非凡，有著敏銳的感受性。她的容貌雖很普通，但予人好感，而且時而流露出真情。她的服裝很單純，卻很優雅，雖從不知道流行什麼顏色，但她懂得什麼樣的服裝會使她更完美。

另外，蘇菲也具有與生俱來的才能，自己也知道這一點，很珍惜這些才能。

黛蕾茲與盧梭

蘇菲的內心雖非多采多姿的世界，卻是愉快的，雖非那麼深不可測，卻是穩定。她的氣質非常敏感，所以無法經常都保持同樣的穩定。

但這是沒有給別人帶來麻煩的性格。還有，她雖單純卻有宗教胸襟，她愛好道德，也懂得男女的權利及義務。關於社會所發生的事她幾乎一無所知。她雖只有十五歲，但據說擁有和二十歲女性相同的判斷力，足夠決斷事情。

以上便是有關蘇菲的一切。蘇菲是盧梭視為一種理想的女性。當蘇菲長大之後，愛彌兒想和她結婚。那完全是人與人的結合，而不是家庭或財產的結合。由於結婚而獲得的幸福，既不是地位也不是財產。因為婚姻是當事者之間的人際關係。關於這一點，盧梭如此說道：

「結合有自然的結合，制度的結合，以及僅僅因社會輿論而結合。父母只對後面兩者作判斷，而孩子則只對前者作判斷。由父親的權威所作的判斷，僅僅由制度及輿論來決定。也就是說，要結婚的不是人而是財產及地位。」

總之，根據盧梭的說法，結婚應該由孩子完全自由而明智地使用其權利。換言之，應該由孩子去作選擇而不應由父母去作選擇。由孩子選擇自己滿意而對方性格是適合於自己的正直者，這一點比對方的財產及身分更重要。

盧梭說：「只要有能力、品性，也愛家庭，則無形財產將會相當豐厚。」他也說：「如果選擇的對象以品德使其地位變得很高尚，那麼也將會登峰造極。」因此，在結婚方面盧梭尊重當事者的意志及選擇對象。

自由何在？

盧梭說，當人因結婚而成為一家之主時，同時也成為國家的一員。因此，盧梭認為人要真正成為一個完整的人，應是成為國家或社會的一員。

盧梭說，人從考察和別的個體之間物理上的各種關係，以及和其他人們之間道德上的關係之後，所剩下的是「從其和同胞之間市民上的各種關係去考察」。因此，此時當然必須讓他知道作為一個市民的權利，他也必須瞭解政府的一般性質及各種政體，最後，為了瞭解自己所出生國家的政體是否適合於自己居住，必須研究國家的政體。

盧梭認為，為了讓他如此做，不妨讓他用「社會」這本活生生的書去學習。盧梭因為有此想法，所以讓愛彌兒作了兩年的旅行。但在『愛彌兒』一書中，鮮少談及國家或社會的問題，這一點便成為『社會契約論』的問題中心。

根據盧梭的說法，成為一個真正完整的社會人，並非意味著要放棄個人的自由。它也不表示個人完全受到社會的拘束。比方說，在『愛彌兒』一書中，認為人長大成人而達成自己做自己的主人的目的之後，也擁有毀棄使自己和國家相聯繫的契約而離開自己國家的自由。盧梭完全認同「人天生是自由的」這一點。在『愛彌兒』一書中，盧梭說使人擁有自由的並非法律。在法律的保護之下，沒有所謂的自由，想要追求它也是徒勞無益。法律之下所支配的是個人的利益及人的情念。

不過，盧梭針對此點說，自然及秩序這種永遠的法律，而對於賢者而言，這些法律代替了實際制度的法律，以良知及理性在人們心底描繪出來。為了擁有自由，我們必須服從。他又說，自由不存在於任何型態的政府。它又在哪裏？盧梭說，它只存在於自由人的心中。

由此看來，自由必須完全由各人心中去追求。但事實上，人必須活在某些現實之中。正因如此，我們必須去思考個人能在那樣的社會中，去實現自由的理想社會或國家。

思想的國家——社會契約論

『愛彌兒』與社會契約論

那麼，我們為了維護自由及獨立而生存下去，什麼樣的社會才是是理想的？在『愛彌兒』一書中盧梭說：「離開造物者手中時，一切都是善的。但在人的手中，一切都是墮落的。」這樣說看來似乎盧梭在詛咒這個社會，毋寧說是否定。

人如果是一個自然人，那麼社會只會加諸害處給他。有此想法的盧梭，在『社會契約論』及其他著作中認為：有社會才有其他的一切，可以說他已經在想法上有了極大的突破。但他也說，人如果必須在社會中追求自由時，那麼，當然必須去追求會實現自由的思想國家。在『愛彌兒』一書中，考察了暫且離開社會的「赤裸的人」，也就是人的本性。為了要維持這種「本來面目」，什麼樣的社會才是理想的呢？

作這種考察的，可以說就是『社會契約論』一書。當然，盧梭所闡述有關政治或社會的議題還有其他的著作，但在此所提及的『社會契約論』，是他最具代表性的作品。在『愛彌兒』這本書裏，他在最後的部份闡述其政治思想，它可以說是『社會契約論』的摘要。

盧梭在『社會契約論』的第一篇第一章如此說道：

「人生而自由，卻到處被鐵鍊鎖住，有人自以為是別人的主人。這種人比別人更像是奴隸。為何會產生這樣的變化呢？我不知道是什麼原因使它成為一件正當的事，我相信能解決這個問題。」

盧梭先如此假定人是生來自由的。但是，當想到我們竟然沒有這種自由，為了獲得自由，我們會廢除社會，或者以某些方法使它成為一個正當的東西。除此之外，別無他法。

既然我們是人，那麼，我們以完全撤廢社會以除掉一切束縛。因此，除了採用後者那條路之外，別無他法。於是盧梭說：「社會秩序是奠定其他權利基礎的神聖權利。」但是，社會以某些意義為藉口，動輒束縛人的自由，這是必然的。

儘管如此，只要人必須在社會中活下去，那麼，真正的自由反而應該是在社會秩序中去實現的，人與生俱來的自由，必須在那樣的社會中保持下去。

在『社會契約論』一書中，盧梭將社會秩序視為一個正當的東西，人在其中追求真正的自由。

沒有立法的權利

那麼，如何才能使社會秩序變得正當呢?首先，它不是依恃暴力，這一點是無庸置疑的。盧梭並不想以暴力或權力去建立社會秩序。那是因為暴力不會給人權力。關於暴力，盧梭敘述如下:

「暴力是一種物理性的力量。我不知道道德及其影響會產生什麼樣的結果。屈服於力量，是來自必然的行為，而非來自意志的行為。它至多只是從明智的考慮而來。就任何意義而言，屈服於暴力可以說是義務嗎?」

如果我們有義務屈服於暴力，也只有該暴力正在支配自己的一段期間而已。而盧梭說，一旦我們把暴力消除了，那麼，就沒有屈服於它的義務。結果，屈服的義務就自然不屬於暴力的範圍之內。這意味著暴力對社會並無立法的權利，因為我們只能服從正當的力量。因此，盧梭認為以暴力為權力的社會絕不是正當的社會。

接著，關於社會的成立，盧梭首先從承認既成的事實開始，而不考慮以前的事，以那樣的社會作為正當的社會的想法被他嚴加批判，而他也否定那樣的社會一開始就沒有平等。因此，盧梭認為狄德羅說一切的權力都是為了受統治的人而確立，此一想法是正確的。

盧梭說，之所以會有那樣的想法，是因為從既成的事實去確立權利，而絲毫未考慮此社會成立以前的事。和此相同的想法，在亞里斯多德的書中也可看到。也就是說，亞里斯多德雖然承認有奴隸存在的社會，但是，之所以會有這樣社會的成立，乃是因為一開始就有暴力，結果有人違反自然而被當作奴隸之故。這種習慣成為自然，於是有了奴隸的存在。

如上所述，暴力不能作為社會正當性的有力支持，而亞里斯多德主要是從既成的事實去說明國家的成立，倒因為果，那樣的社會就不能說是合法的。

家人是政治社會最初的模特兒

盧梭從家人這個對象去探求一開始便有平等存在的社會。而他認為家人便是政治社會最初的模特兒。盧梭認為：「在所有的社會之中，最古老而唯一的自然社會，是稱為家庭的社會。」

的確，一開始時家人是由於自然而聯結在一起。但盧梭說，那僅限於孩子為了保存自己而需要父親並被聯結起來而已，也就是只在成長的那段期間，孩子才和家庭有緊密的聯繫。當孩子成長之後，再也不必要依靠父親，而父親也不必照顧孩子之後，如果家人之間仍結合在一起，那就完全是因意志而相結合的。因此盧梭說，家庭只以約束家人而維繫下去。

如上所述，父親和孩子之間由於協調而得以維繫家庭，同理，探求社會的成立的人便是盧梭。盧梭將家庭和政治社會加以比較而說：

「領袖有如父親，人民有如孩子一般，所有的人都是生而平等、自由的，只為了對其有益的原由，人民才會交出其自由。兩者完全不同之處，家庭中父親對於子女的愛心，是由子女對父親的照顧來予以回報，但在國家中，領袖對於其人民沒有愛，而是由命令的方式去代替。」

如上所述，盧梭承認家庭和社會相類似，他特別認為，領袖及國民都是生而平等、自由的，而國民交出其自由是為了利己性，也就是對自己有益才會交出自由。盧梭想要在基於某些意義的協調，而讓渡自由以成立社會這方面，找到理想國家的基礎。

讓渡的意義

即使是真正的社會成立的基礎，也必須有這樣基於協調而來的自由的讓渡。而在此所說的讓渡，有很多種意義。

盧梭首先列舉出固勞德伍斯的學說：一切的人都能將其自由讓渡出去而成為國王的臣民。而他認為此時讓渡的意義「不是賣就是給」。但是，比方說縱使是賣身，這樣做的奴隸是為了生活而不得不然，但對於普通的人民來說，這件事有何意義呢?人民將自己賣掉之後可以得到什麼?人民這樣做也無法獲得生活的手段，如此做而獲得龐大生活手段者，毋寧說是國王。因此，一般人民一旦讓渡自由，就什麼都得不到。

舉例來說，在專制君主之下，人民連平靜的生活都無法獲得保障。倘若因為君主的野心而引發戰爭，或是因為其無止盡貪婪而使人民受苦，那麼，人民就什麼都得不到。如此一來，人民因此而什麼都沒有得到的讓渡，很明顯地並不能成為社會成立的真正基礎。

不過盧梭也說，縱使人能將自己本身讓渡出去，但父親卻根本沒有權利要求孩子讓渡其自由。縱使孩子尚未達到其有理性的年齡，也絕不能決定性、無條件性地將自由讓渡給別人。

據盧梭說，如此做違反了自然的目的，也逾越父親的權利，身為一個父親不應如此忽視孩子的自由，將它讓渡給別人。同樣地，我們也不應無條件地放棄自由。我們一旦如此做，便是放棄作為一個人的資格，那也等於放棄作為一個人的權利及義務。盧梭說，對於像這樣放棄一切的人，社會將不可能給予他們任何補償，這樣的放棄和人類的本性是不相容的。

像上述那種奪走孩子的自由而給予別人的例子，以及無條件地放棄自己的自由，一方面承認專制君主的絕對權力，而另一方面履行無止盡的服從、約定，盧梭認為這是空虛、矛盾、無效的。

盧梭進一步舉出源自戰爭的一種約束而成立國家的例子。此時，因為勝者有殺死敗者的權力，所以，敗者唯有犧牲自由才能換取自己的生命。這樣的情形，會成為一件兩者互蒙其利的事，由此看來，可以認為是一種正當的約束。

但基於此一約束而成立的國家，究竟是不是正當的呢?盧梭說，這很顯然不是正當的。因為任何人都沒有殺人的權利。盧梭又說，殺人的權利並非從戰爭狀態中產生的。為什麼?盧梭認為，戰爭完全是國家與國家的事，而非個人對個人的事，當發生國家與國家之間的戰爭時，身為該國國民的個人，僅僅因為是該國的國民，所以，為了要保護國家而成為士兵，或是偶然的敵人而已。

盧梭說，他們之所以戰鬥，並非以國家構成份子的身分，也不是作為個人，更不是作為一個人而戰鬥。他們被當作為了保護國家而戰的士兵，也就是被當作一種武器。這意味著在戰爭時，國家只能以國家為敵人，但絕不能以個人為敵。因為在不同的性質之中，無法決定任何真正的關係。所以，在戰爭時承認殺人的權利，只不過是在士兵拿著武器保護其國家的那段期間而已。

戰爭的目的完全在於破壞敵國，因此，當士兵一旦放棄武器時，就沒有殺他的權利，因為此時他已經恢復為一個單純的人。總而言之，在戰爭時所賦予人的權利，只是必要的權利，並未賦予人除此之外的權利。

由此看來，勝者因為沒有殺害掉敗者的權利，所以毫無權利，於是至少還有使敗者成為自己奴隸的權利。

也就是說，盧梭認為：「人不能以自己不具權利的自由去交換敗者的生命，使其成為不正當的交換。」即使此時有殺掉一切的權力，假定勝者有這種可怕的權力，奴隸或被征服者也只在被強迫的那段期間服從於勝者，之後便是自由的。那是因為勝者在剝奪敗者的自由之後，並未給予敗者任何東西。

因此，盧梭認為從以上的例子都不能找到政治社會正當的成立原理。盧梭特別將上述的例子作為專制政治的例子而批判說：「即使是承認我以上所反駁的一切是對的，專制政治的支持者也將絲毫不會增多。」也就是說，專制政治並非為統治人民，而是為了讓多數人服從。這和人數無關的，是僅有的一個主人和其奴隸之間的關係。在此制度之下，並無統治者和人民的關係。

然而，所有的人民都將自己的自由交給唯一的君主，這種想法，我認為有待商榷。比方說：「人民可以將自己交給君主。」在固勞德伍斯所說的這句話中，可以說含有人民在尚未將自己交給君主之前已經是人民之意。

也就是說，人民在尚未將自己讓渡給君主之前，這個人民必須先成為人民。在這樣的贈與行為之前，只要它是一種市民的行為，則有必要以公眾的議決為前提。因此，我們當然必須考慮真正使社會成立的契約思想。

社會契約

那麼，盧梭所說的社會契約，究竟是什麼樣的契約呢？首先，盧梭認為社會契約是為了有益於別人而將自己的力量及自由讓渡出去，關於非如此做不可的原因，盧梭敘述如下：

「我想像人為了保持自然狀態，每個人所能使用的力量，已經無法克服在保存自然狀態時妨礙保存的障礙。此時，這種原始的狀態已經無法再存續下去。人類倘若不改變其存在的方法，則將滅亡。不過，人不能創造出新的力量，只能把現有的力量加以結合而引導他們，所以，如果想以目前這種情況繼續生存下去，那麼，除了把能克服障礙的一切力量加以集合，以唯一的動力去推動人，使大家一致行動之外，別無他法。」

如上所述，盧梭認為目前人已經無法停留於自然狀態，於是人不得不訂立社會契約，盧梭就從社會成立的基礎去探求這件事，到了最後，才發現是由於人無法停留於自然狀態的弱點所致。但是，當如此設法將一切力量加以集合時，有可能約束了個人的力量及自由。因此，盧梭認為當因這樣的力量的集合而成立社會契約之後，成為問題的是：「發現以共同的全力去保護各共同者的身體及財產的一種共同形式。」以及「如此一來，每個人和所有人結合起來，但仍然束縛自己本身，和以前一樣不自由。」

盧梭認為，這些問題都是以社會契約去解決的，而他也認為，社會契約到了最後就成為如下的一件事：

「將各共同者及其一切權利一起完全讓渡給共同體。」

如果依照這樣的契約去執行契約，每個人即使將自己交給所有人，最後也變成並未將自己交給任何人。盧梭認為，此時任何一個共同者，都會獲得相同於自己所讓渡出去的權利的東西。因此，每個人會擁有和自己所失去的權利相同的東西，而且又獲得超過為了保存自己所擁有的東西的力量。於是，盧梭將社會契約的內容敘述如下：

「我們每個人都依照一般意志的最高指示，使身體和一切力量成為共同的東西。而且我們將各成員視為無法從全體分離出來的部份。」

如上所述，每個人因社會契約而必須完全讓渡其力量及自由。因此，此時所有人的條件都相等，如果有任何人未將這些特殊的權利讓渡出去，那麼，社會就會變成專制的，或是變成無用的。因此，盧梭認為社會契約的特質在於其力量及自由的全面性讓渡。而國家是依照神聖的契約而成立的組織。盧梭說，會違反此一契約的任何事情都不可以做，而且也認為，破壞社會契約便是自己成為一無所有的行為。因此，一旦依照自己的意志來締結契約，便無毀棄契約。

國家及自由

由此看來，人是不是因為社會契約而喪失自由呢？我們現在就跟著盧梭，從國家及其構成份子之間的關係來看這一點吧！

依照盧梭的想法，社會契約是一個國家得以成立的基礎，而國家是精神性、集合性的團體，具有公共的人格。盧梭說，當國家被動地思考時，其構成份子便稱它為國家，而當其主動地思考時，其構成份子則稱它為主權者，和相同的組織相較時，便稱它為列強。

再者，以國家的構成份子而言，集合性的人員稱為人民，個人的人員則稱為參加主權的市民，同時也被視為國家法律之下的人，而被稱為臣民，如此加以區別，找出不同點。

不過據盧梭說，因為契約而產生的國家，只是由個別的人所建立的，所以，沒有因違背此一契約而造成的利害關係。因此，國家的權力沒有必要對臣民作出任何保障。因為國家不能存有傷害其構成份子的念頭。相對地，臣民及其國家的關係完全不同。也就是說，臣民必須服從主權者，此時臣民會被要求竭盡服從的義務。那是為什麼呢？每個人除了有一般意志之外，同時也具有作為一個人的特殊意志，特殊意志經常會違背公共的利益而服從私人利益。

換句話說，由於個人是絕對的，本來就是獨立的存在，因此，個人動輒就會以為個人利益被當作是對於公共利益的一種免費奉獻。如果因此而不竭盡自己的利益，只要求權利，那麼，必將危及國家的存亡。因此，當國民不服從一般意志時，如果不由國家去強制其服從，社會契約將會喪失其意義。

然而，這樣的強制和自由是不相容的。在盧梭的社會契約思想中，包含了這樣的強制。如果必須將國民的力量及自由全面性地讓渡出去，而強制其服從國家的話，就會變成毫無意義。但是，盧梭將這樣的強制當作是對於自由的強制。因為此事是人將自己交給國家，藉以從一切個人的從屬關係來保護自己而非有不可的條件。且此事是醞釀政治機構的手段及活動，從而使市民的參與成為合法的唯一條件。盧梭認為，我們反而因此能得到真正的市民自由或社會自由。

像這樣，如果將訂立社會契約之前的人，也就是處於自然狀態的人，和處於社會人狀態的人作一番比較，將更明白。首先，其不同點在於前者是依本能而行動，相對地，後者是依理性而作出行為。當人依照社會契約而達到社會狀態時，盧梭說：「在肉體的衝動之後，接著會產生義務的聲音，而權利會繼慾望之後產生。」於是「過去只考慮自己本身之事的人，便開始根據其他的原理而行動，而在遵從其傾向性之前，會開始和理性協商。」

盧梭進一步地說，在這樣的狀態下，人即使放棄了。自然所給予的利益，反而會從其中獲得東西。根據盧梭的看法，社會契約下的人，所失去的是自然的自由，而那是吸引人心，對於能獲得它的所有人的無限權利。相對地，社會契約下的人所獲得的是市民的自由，是對於人所擁有的一切的所有權。而且道德上的自由也是在此社會狀態才能得到的。因為正如前述，在社會狀態之下，理性支配著一切，人此時已不服從本能及理性，而是由自己去服從自己所建立的道德法。

由此看來，由於社會契約而強制性地、全面性地讓渡自己的力量及自由，絕不是喪失自由，而是獲得更進一步的自由。

一般意志與主權

一般意志以何為目的？

由以上所說看來，人讓渡其身體及一切力量以免成為奴隸，有自由，就必須有社會性的團體，而且每個人作為自己的法律必須全都不相同。如果這樣的法律有可能出現，那麼，它不可以是臨時想到的法律，而必須是其成員中所有人都能承認的一般性的法律。

另外，它必須和人的本性完全一致，不可以認為它是來自外界的逼迫而予以接受的異質性法律。盧梭認為，這樣的法律必須依賴一般意志才得以成立。

一般意志必和特殊意志區分開來，而它進一步也必須和全體意志有所區別。

盧梭說，全體意志只考慮個人的利益，而一般意志則考慮共通的利益，前者不過是個人意志（特殊意志）的總和而已。也就是說，這樣以個人共通的利益為目的的一般意志，必須和所有僅以個人的利益為目的的特殊意志嚴加區分。

據盧梭說，一般意志是從特殊意志中扣除相互對立、相互否定中最多及最少的部份，成為扣除的總和而留下的東西。也就是說，從全體意志中扣除特殊意志的差異，所留下的共通東西便是一般意志。

因此盧梭說，就一般意志是普遍的主體，即人民的意志這一層意義來說，它是一般性的，但此時應注意的是，盧梭毋寧是在強調一般意志的目的是共通的利益及共通的善這一點。

因此，盧梭說：「一般意志經常都是光明正大，而且目標朝向公共的功利。」進一步來說：「如果個人利益的對立使社會的成立成為必然的，那麼，使這成為可能的是個人利益的一致。形成社會的聯繫的。是在不同的利害關係有著共通的利害關係這一點。」盧梭如此強調共通的利害關係對社會成立的重要性。

因此，一般意志不可以被視為完全相同於在大多數一般意志中所出現的特殊意志的總和。

關於這一點，盧梭說：「將意志加以一般化的，並非投票的數額，而是使其一致的共通的利害關係。」換句話說，全體的一致並不一定會產生一般意志，有時反而會產生特殊意志。而且投票的結果也會制定出違反共通利益的法律。

如上所述的一般意志，如果它真正具有一般性，那麼，它和其本質相同，在其對象方面也必須是一般性的。盧梭說，當它朝向個人等一定的對象時，就會喪失其原本的公正。

由此看來，如果想要一般意志經常都能更普遍的、更完美的，各成員最好不要告訴對方自己的意志，應在意志有許多差異的情況下充分地討論。盧梭便是以此來引導出最大公約數的一般意志。

和此同理由，盧梭認為如果在社會中形成若干黨派或部份的社會（結社），那麼，它不顧及其構成份子中每個人的意志差異，而產生一般性的意志，因此，它對於國家有一個特殊意志，再者，如果它對於其他的特殊社會成為壓倒性的東西，那麼，特殊意志的差異便消失，而意志的普遍化就遭受打擊。

因此，盧梭認為為了要清楚地表明意志，在國家中沒有部份的社會的存在，而每個市民依照自己的意志去陳述意志是很重要的一件事。

如上所述，盧梭強調一般意志的重要性，他認為一般意志是不會有錯誤的。因為一般意志經常都以公共的善為目的。

在盧梭的想法中，個人本來就有追求善的權利，此一想法擴及國家時，只要國家有這樣的意志，那就會被視為一個道德性的存在。

關於主權

主權的特質

如上所述，國家是一個精神性的團體，當我們將它視為主動的，它就稱為主權者，而主權即是用於立法的權力。盧梭又認為，法律便是一般意志所發揮的公正功能。因此，一般意志和主權密切地結合在一起，而在這一層意志上，只需考察主權的本質，便能更明確地弄清楚一般意志。

盧梭將主權的本質分成如下三點：

(1)主權是不能讓渡的

因為主權只是一般意志的行使，且此意志不可以讓渡或轉移，如果它是可以轉移給別人的，那它就變成力量或權力。

基於這樣的想法，盧梭說，人民無法選擇代其行使權利的代表者（議員），可以選擇的頂多是代理人而已。關於這一點，盧梭敘述如下：

「主權是不能讓渡的，同理，主權也不能由別人代表行使。它本質上存在於一般意志中。而意志不能由別人代表陳述，意志屬於自己或別人，它並不介於中間。因此，人民的議員並不能代表一般意志，也不能代表特殊意志。議員只是人民的辦事員、跑腿而已，他們不能決定性地決定任何事。沒有經過任何人民批准過的法律是無效的，那不是法律。」

總而言之，盧梭認為主權即集合性的存在，只能由自己去代表自己。

(2)主權是不能分割的

據盧梭說，主權是不能讓渡的，同理，主權

莫恩・布拉恩橋及盧梭島（日內瓦）

也是不能分割的。因為一般意志的行使便是主權，它只要不能分割，便是同樣的一個東西。而如果將它分割了，就會成為特殊意志，無法行使它，進而成為主權。

我們的確能將主權分為各種權力，也就是分為立法權及執行權。但依盧梭的想法，執行權或政府並不是主權，也不是它的一部份。它們不過是和法律的執行有，只是主權的手段而已。盧梭說，認為主權可以分割想法來自於有關主權的不正確概念。

⑶主權不能超出一般性約束的範圍

盧梭認為，主權是以社會契約的方式而賦予政治體，對於其所有成員的一種絕對性的力量。因此，一旦國家向人民有所要求時，人民就負有立刻竭盡所能為市民奉獻服務的義務。

但盧梭說，主權不會作不合理的要求。那是因為，作為主權者意志的一般意志，不能向所有的人民要求不必要的事。正如前述，主權者的意志不可以針對特殊的對象，而必須針對一般的特殊。而且使一般意志具有一般性的，與其說是投票的數額，還不如說是使其一致的利害關係。這一點也可以瞭解，談論主權不能忽視這一點，也不能擺脫這一點。

無論主權是多麼地絕對，多麼地神聖而不可侵犯，也都在一般性約束的範圍之內，絕不可以超出此一範圍。

然而，我們不能說人民一定知道什麼是真正的共通利益，而什麼是真正的幸福。因此，盧梭認為讓主權者之下的人民能以正確的善的觀念去作出行為，立法負有如此啟蒙人民的任務。

立法權與立法者

如上所述，主權者是一般意志的主動面，而其具體的表現便是法律。盧梭認為由於主權者擁有立法權，因此，它只會遵循法律而採取行動。也就是說，一般的意志只會根據法律而發揮作用，但不能根據其他的東西而發揮作用。因此，一般意志所發揮的政治性作用，是經由法律完成。

盧梭說，被法律作為其對象的應具有一般性。也就是說，法律是所有人民以其意志對所有人民的規定，在此只考量所有人民的種種。就此意義而言，法律的對象是一般性的，而這便是為何法律是一般意志的體現的原因。因此，法律的意志是普遍性的，同時其對象也是普遍性的。無論任何人，一個人以自己的權利而下的命令就不是法律。

由此看來，便可瞭解到立法權是一般意志的行為，也就是它被承認為國家的意志。據盧梭說，人民不能放棄立法權，即使是人民希望放棄也不能讓渡出被稱為立法權的權利。

不過，盧梭將法律的立法者和立法權加以分離，認為立法者不可以擁有立法權。立法者既不是主權者，也不是行政官。

盧梭認為，立法者的角色在於啟蒙人民，讓人民瞭解真正的幸福為何，就此意義而言，它是一種被諮詢者的角色。

理想的國家

以上我們已經論及盧梭的社會契約思想，一般意志和主權的關係，也知道立法權隸屬於主權者。盧梭又說，國家倘若不具備為了實際上行使法律的執行權而設的政府，就無法完成其功能。

國家的意志及力量

盧梭說，國家的執行權便是其力量，而立法權便是其意志。他認為這些原本就必須加以區別。也就是說，立法權最後是屬於人民的，但據盧梭說，執行權的特徵在於，它不能隸屬於身為立法者或主權者的一般人民。相反地，如上所述，立法權是意志固有的作用，它只能隸屬於一般人民。因此盧梭說，像這樣具有特殊作用的執行權，只要它是特殊的行為所構成的，那麼，一超出法律領域之外，它就不能成為國家的機能。

如果國家需以意志及力量才能完善地完成其機能，那就必須結合國家公共的

盧梭島（日內瓦）的盧梭像

力量，使其在一般意志的指導之下發揮作用，完成國家和主權者之間的連絡者的任務，以人為比喻，它就好像是結合靈魂和肉體一樣的東西。而這種東西以國家這個公人去完成連絡的任務時，需要一個適當的代理人。也就是說，政府是介於國家和人民之間擔任互相連絡的公共代理人，而它必須和主權者嚴加區分。政府僅僅是執行人、公僕，因為它是為了執行法律、維持市民、政治的自由而設的團體。

盧梭說，這個團體的構成份子被稱為行政官或君主，也就是支配者，而這個團體整個被稱為統治者。

依盧梭的想法，身為主權者的人民，委身於支配者的權力一事，並非訂立契約的行為，它只是一種委任或僱用而已。因此，主權者自由地限制、修正或取回其執行權，也可以解僱其執行人。因此，盧梭認為為了防止政府越權，必須定期地召開集會。

盧梭認為，第一：主權者是否希望保持政府目前的型態？第二：人民是否願意將管理權交給目前委託的人手中？關於這兩點，應該由投票來決定。當然，為了可以進行這件事，前提必須是一個小國家。

不過，根據盧梭的想法，政府和國家被區分開來，而為了要有一個存在及生命，也為了達成其目的，政府需有特殊的自我、其成員共通的感愛性，以及針對保存政府的固有意志及力量。但這不會改變國家本身的存在，政府只是依賴主權者而存在的事實。

以政府依存於主權而言，意味著支配政府的意志，應是以法律表現出來的一般意志，政府的活動必須完全遵循它而進行。盧梭認為無論如何政府是奉獻者，不可以是人民的主人。執行權必須從屬於主權。因為如果只有執行權在支配，那麼國家就會崩潰。

理想的國家

具體地說，理想的國家也就是理想的政體是什麼樣呢？盧梭有何看法？

盧梭一向避免斷言有任何適合於所有人民及所有環境的理想政府型態。因為「我們一直在討論在所有時代中最佳的政府型態，此時我們沒有將任何一種在某種情況下是最佳型態，而某種情況下是最壞型態的情形列入考慮。」因為，這不能簡單地斷言。因此，如果勉強要說，「它有相同於人民的絕對性境遇及相對性境遇等可能的組合，這便是最好的解答。」

因此盧梭說，君主政體只適合於富有的國民。至於貴族政體，則只適合於無論在財富或大小方面都是中等程度的國家。他又說，民主政體只適合於小而貧窮的國家。因此，這些政體如果不是在最適合於其條件的國家被採用，那麼，反而會被視為不佳的政府型態。我們必須說，被所有的國民視為無條件的、最佳的政體是不存在的。

因此，盧梭列舉了各種政體而敘述其特色。根據盧梭的想法，如果真有所謂上帝之子，那麼，祂將有可能採用民主政體。但盧梭也說，此一體制可能因過於完美而不適合於人類。

他說，此一體制並未區分立法權及執行權，再者它會產生黨派而引起內鬨。

相對地，貴族政體的主權和政府雖是分開的，但並沒有很嚴格的平等。然而，如果並非為了自己的利益而是為了多數人的利益而統治時，最好由最賢能的人去治理政府，這樣也是最自然的方式。

盧梭又說，在君主政體中，人民的意志、支配者的意志、國家的公權力、政府的特殊力量，全都是為了呼應同一個原動力。也就是說，在這種體制中國家的發條全握在一個人手中，都以同一的目的而前進。但盧梭認為，當君主為了自己的利益而使用絕對的權力時，人民的不幸將非同小可。

由此看來，一切的特色都有其缺點。我們不能簡單地說，哪一種是最好的政體。盧梭說，無論多好的政體，也是和人一樣會衰老、死亡。因此，為了儘量使它保持健康，讓它活得更多一點，最起碼必須將執行權及立法權區分開來。盧梭又說，為此如上所述的以定期的聚會來改變政府也有其必要。

不過，盧梭在『人類不平等起源論』一書中說：「我可能希望生於因其機構的功能而只朝向共通的幸福的國家，所以，人民和主體只有生於唯一而利害關係相同的國家。因為這個國家必須是人民和主權具有同一人格才會產生，所以，我可能會希望生於適當的民主政體之下。」

盧梭進一步地說：「我可能會希望自由地生活，衰老以終。那也就是說，我可能會希望無論我或任何人，都無法擺脫法律這個象徵榮譽的束縛，那麼，遵守法律而生活，然後光榮地死去，就是最理想的。」

盧梭並未固定地使用民主政體這個名詞，在此它是指廣義的民主政體。不過無庸置疑地，它也意味著作為人民主權的政體。盧梭又如此說道：

「如果我非選擇我所誕生的場所不可，那麼，我可能會選擇以人的能力為限的社會，也就是，以不超出人力所能及的範圍，能善加統治為界限那樣大小的社會。在那裏，每個人對於其工作都具有充分的能力，所以，我可能會選擇沒有人被強迫，將其所負的機能委任於別人的社會，也可能會選擇所有的人都彼此互相認識，隱藏的惡行及純樸都無法避開公眾的視線及判斷的社會。以及彼此觀察、彼此熟悉成為良好習慣，使國家愛與其說是對於土地的愛，不如說是對於市民的愛，那樣的國家。」

盧梭認為，在那裏也經常舉行定期的聚會，由此看來，我們便可瞭解盧梭的理想中國家。

盧梭所想的是在那裏實行自由，小小的，充滿愛、和平的國家。據盧梭說，過去從未有真正的民主制存在，將來也不會有。但盧梭的理想仍是人民擁有主權的直接民主制。

在『社會契約論』最後那段盧梭曾說，有一種讓每一個市民熱愛其義務的市民性宗教，對國家而言，這種宗教極其重要。正如前述，在盧梭的想法中，道德及宗教有著密切的關係，這一點各位也能瞭解吧。

另外，盧梭也先肯定市民性的宗教教義，認為如果沒有這種由主權者來決定的教義，就不能產生良好的市民，同時也認為，這種教義便是「有力量、聰明、非常慈悲、有先見之明，有如予人恩惠的上帝一般。它是對於惡人的懲罰，是社會契約，也是神聖的法律。

對於否定性的教義，他列舉出「不寬容」。在宗教思想上，盧梭是以其社會思想為基礎。

盧梭年譜

西元	年齡	年譜	背景性社會事件及參考事項
一七一二	○	六月二十八日，約翰・傑克・盧梭出生於日內瓦。父親為伊薩克・盧梭，母親為西莎美・佩爾娜。	
		七月四日，母親逝世	
一七二五	一三	四月二十六日，成為狄可馬的徒弟，展開學徒生涯（五年的契約）。	畢可作『新科學原理』。
一七二八	一六	三月十四日，至日內瓦。 三月二十一日，抵阿麥西，第一次見到烏拉夫人	喬治二世即位。 伏爾泰作長篇敘事詩『安里亞都』。
一七三〇～一七三二	一八～一九	烏拉夫人從巴黎出發，盧梭則至里昂、弗里布爾、羅札姆、麥西迪、貝爾姆、索魯爾、巴黎、夏貝里等地旅行。在此期間，並教授音樂。在巴黎甚至擔任僕役。之後，前往沙波烏。	狄布雷克斯任印度旳總督。
一七三三	二一	與烏拉夫人成為戀人。	波蘭繼承戰爭開始。

一七三六	二四	夏天至秋天停留於夏爾麥特。	約翰・凱發明飛梭手織機
一七四〇	二八	四月，至里昂。擔任馬布里家的家庭教師。 九月～十月，寫沙特・馬利的教育草案。	澳大利亞繼承戰爭。
一七四二	三〇	一月（?），停留於夏麥特。思考樂譜的新表記法。 七月，至巴黎。 八月二十二日，於科學院發表「關於新音符法的提案」。	俄國、澳大利亞之間簽訂貝爾里條約。 腓特烈二世，併吞西雷吉亞。
一七四三	三一	春天，被介紹給狄巴家，也被介紹給弗蘭克伊約先生。開始作『戀愛的繆司』。 六月，獲得莫迪喬伯爵秘書的職位。	
一七四五	三三	三月，黛蕾茲・魯瓦斯爾的關係開始。 九月，『戀愛的黛蕾茲』在拉・包布里艾爾及里修里約公爵之前上演。 在此期間，認識狄德羅及康戴亞克。	
一七四六	三四	秋天，擔任狄巴夫人及弗蘭克伊約先生的秘書。	

		拋棄第一個孩子。	
一七四七	三五	認識狄畢娜夫人。	拉・麥特里作『人類機械論』。
一七四九	三七	一月，開始撰寫『百科全書』的音樂項目。 六月二十四日，狄德羅被捕。 十月，開始寫『學問藝術論』。	開始課徵二十分之一的稅 狄德羅作『盲文書簡』。 畢約弗恩作『博物誌』。 歌德出生。
一七五〇	三八	六月九日，『學問藝術論』入選。	富蘭克林發明避雷針
一七五四	四二	一月一日，盧梭、黛蕾茲及友人葛弗克爾至日內瓦。 至夏貝里會見烏拉夫人。 八月，獲得日內瓦的市民權。回到布洛迪斯達特。 執筆『人類不平等起源論』。	康狄亞克作『感覺論』。 狄德羅作『自然的解釋』。 哥倫比亞大學創立。
一七五五	四三	夏天，『人類不平等起源論』出版。『百科全書』第五卷刊行。盧梭作『政治經濟論』。	里斯本大地震。
一七五六	四四	四月，盧梭及黛蕾茲遷移至雷爾密達喬。 夏天至秋天浮現『新艾洛伊茲』的構想，開	七年戰爭爆發。 伏爾泰作『里斯本的慘事

		始執筆。	』。
一七五七	四五	一月，華杜特夫人第一次拜訪盧梭。 三月，盧梭與狄德羅發生紛爭。 春天至夏天，與華杜特夫人感情日深。十二月，盧梭與黛蕾茲遷移至莫恩莫拉西伊附近的莫恩・魯伊。	狄德羅作『私生子』。
一七五八	四六	夏天，作『關於戲劇給塔拉貝爾的信』。	伏爾泰作『康迪多』。 艾爾・西華斯作『精神論』。 柯內作『經濟表』。
一七五九	四七	五月，停留於劉庫沙布爾，寫『愛彌兒』、『社會契約論』。	
一七六一	四九	一月，『新艾洛伊茲』出版。 『社會契約論』、『愛彌兒』完成。	
一七六二	五〇	一月，寫『給馬爾傑爾布的信』。 四～五月，『社會契約論』、『愛彌兒』出版。 六月九日，『愛彌兒』受到壓力，法國不斷	卡札里二世即位。 狄德羅作『拉莫之甥』

		抑制。七月十日，抵達莫奇艾。	
一七六三	五一	『給克里斯多弗・布莫恩的信』出版	巴黎條約。
一七六四	五二	『來自山中的信』。 十二月，決心寫『告白』。	法國禁止『新艾洛伊茲』 伏爾泰作『哲學辭典』。 哈固里布茲發明紡織機。
一七六五	五三	二月，停留於聖・畢艾爾島（共十日）。 九月十二日遷移至聖・畢艾爾島。 十月二十五日，至貝爾姆。 十二月二十九日，至貝爾林。 十一月，得到通過法國的護照。決心至英國。 十二月十六日，抵達巴黎。	狄德羅作『美術評論』。 瓦特改良蒸汽機。
一七六六	五四	一月四日，與休姆出發至巴黎。 夏天至秋天與休姆發生紛爭。 寫『告白』第一部。	羅雷姆省編入法國領土。
一七六七	五五	三月十八日，喬治三世給予年金。 五月一日，與黛蕾茲出發至華頓。 六月二十一日，回到法國。 十一月，出版『音樂辭典』。	俄軍侵入波蘭。
一七六八	五六	七月二十五日，至烏拉夫人墓前參拜。	俄國、土耳其開戰。

		八月三十日，與黛蕾茲正式結婚。	
一七六九	五七	十一月，開始再度執筆『告白』的第二部。	
一七七〇	五八	十二月二十四日，『告白』完成。於布卓伊侯爵邸宅舉行朗會。	東印度公司解散。多爾巴克作『自然的體系』。黑格爾出生。貝多芬出生。
一七七一	五九	春天，於艾固莫恩特伯爵夫人邸宅舉行『告白』的朗頌會。五月十日，狄畢娜夫人要求警察禁止朗頌會。	
一七七二	六〇	四月，完成『波蘭統治論』。開始寫『對話—盧梭，約翰・傑克』。	波蘭第一次被分割。
一七七三	六一	『對話』的寫作進行中。	波馬爾謝寫『覺書』。
一七七四	六二	寫『塔弗尼斯與庫洛艾』。	路易十六世即位。丘爾哥的財政改革。歌德作『少年維特的煩惱』。
一七七五	六三	十月三十一日，『畢固馬利歐』上演成功。	美國獨立戰爭。

一七七六	六四	『對話』完成。 二月二十四日，將『對話』置於聖母院祭壇上的計劃失敗。 四月，在街上分送『致所有熱愛正義及真理的法國人』。 秋天，開始寫『孤獨的散步者的夢想』第一部。 十一月，寫『第二散步』。	美國獨立宣言。
一七七七	六五	春天至夏天，寫第三~第七的『散步』。	內科爾進行財政改革。
一七七八	六六	三月，『第九散步』。 四月十一日，開始寫『第十散步』。 五月二十二日，至艾爾姆諾維爾。 七月二日，逝世（上午十一時）。 七月四日，埋葬於波普拉島。	法國與美國締結同盟，向英國開戰。 美國與法國訂立同盟通商條約。
一七九四		十月，盧梭的遺體移至巴黎的邦狄歐。	

大展出版社有限公司
品冠文化出版社

圖書目錄

地址：台北市北投區(石牌)
致遠一路二段 12 巷 1 號
郵撥：01669551＜大展＞
19346241＜品冠＞
電話：(02) 28236031
28236033
28233123
傳真：(02) 28272069

・熱門新知・品冠編號 67

1.	圖解基因與 DNA	（精）	中原英臣主編	230 元
2.	圖解人體的神奇	（精）	米山公啟主編	230 元
3.	圖解腦與心的構造	（精）	永田和哉主編	230 元
4.	圖解科學的神奇	（精）	鳥海光弘主編	230 元
5.	圖解數學的神奇	（精）	柳谷晃著	250 元
6.	圖解基因操作	（精）	海老原充主編	230 元
7.	圖解後基因組	（精）	才園哲人著	230 元
8.	圖解再生醫療的構造與未來		才園哲人著	230 元
9.	圖解保護身體的免疫構造		才園哲人著	230 元
10.	90 分鐘了解尖端技術的結構		志村幸雄著	280 元

・名人選輯・品冠編號 671

1.	佛洛伊德	傅陽主編	200 元

・圍棋輕鬆學・品冠編號 68

1.	圍棋六日通	李曉佳編著	160 元
2.	布局的對策	吳玉林等編著	250 元
3.	定石的運用	吳玉林等編著	280 元

・象棋輕鬆學・品冠編號 69

1.	象棋開局精要	方長勤審校	280 元

・生活廣場・品冠編號 61

1.	366 天誕生星	李芳黛譯	280 元
2.	366 天誕生花與誕生石	李芳黛譯	280 元
3.	科學命相	淺野八郎著	220 元
4.	已知的他界科學	陳蒼杰譯	220 元
5.	開拓未來的他界科學	陳蒼杰譯	220 元
6.	世紀末變態心理犯罪檔案	沈永嘉譯	240 元

7.	366天開運年鑑	林廷宇編著	230元
8.	色彩學與你	野村順一著	230元
9.	科學手相	淺野八郎著	230元
10.	你也能成為戀愛高手	柯富陽編著	220元
11.	血型與十二星座	許淑瑛編著	230元
12.	動物測驗—人性現形	淺野八郎著	200元
13.	愛情、幸福完全自測	淺野八郎著	200元
14.	輕鬆攻佔女性	趙奕世編著	230元
15.	解讀命運密碼	郭宗德著	200元
16.	由客家了解亞洲	高木桂藏著	220元

・女醫師系列・品冠編號 62

1.	子宮內膜症	國府田清子著	200元
2.	子宮肌瘤	黑島淳子著	200元
3.	上班女性的壓力症候群	池下育子著	200元
4.	漏尿、尿失禁	中田真木著	200元
5.	高齡生產	大鷹美子著	200元
6.	子宮癌	上坊敏子著	200元
7.	避孕	早乙女智子著	200元
8.	不孕症	中村春根著	200元
9.	生理痛與生理不順	堀口雅子著	200元
10.	更年期	野末悅子著	200元

・傳統民俗療法・品冠編號 63

1.	神奇刀療法	潘文雄著	200元
2.	神奇拍打療法	安在峰著	200元
3.	神奇拔罐療法	安在峰著	200元
4.	神奇艾灸療法	安在峰著	200元
5.	神奇貼敷療法	安在峰著	200元
6.	神奇薰洗療法	安在峰著	200元
7.	神奇耳穴療法	安在峰著	200元
8.	神奇指針療法	安在峰著	200元
9.	神奇藥酒療法	安在峰著	200元
10.	神奇藥茶療法	安在峰著	200元
11.	神奇推拿療法	張貴荷著	200元
12.	神奇止痛療法	漆 浩 著	200元
13.	神奇天然藥食物療法	李琳編著	200元
14.	神奇新穴療法	吳德華編著	200元
15.	神奇小針刀療法	韋丹主編	200元

・常見病藥膳調養叢書・品冠編號 631

1. 脂肪肝四季飲食	蕭守貴著	200 元
2. 高血壓四季飲食	秦玖剛著	200 元
3. 慢性腎炎四季飲食	魏從強著	200 元
4. 高脂血症四季飲食	薛輝著	200 元
5. 慢性胃炎四季飲食	馬秉祥著	200 元
6. 糖尿病四季飲食	王耀獻著	200 元
7. 癌症四季飲食	李忠著	200 元
8. 痛風四季飲食	魯焰主編	200 元
9. 肝炎四季飲食	王虹等著	200 元
10. 肥胖症四季飲食	李偉等著	200 元
11. 膽囊炎、膽石症四季飲食	謝春娥著	200 元

・彩色圖解保健・品冠編號 64

1. 瘦身	主婦之友社	300 元
2. 腰痛	主婦之友社	300 元
3. 肩膀痠痛	主婦之友社	300 元
4. 腰、膝、腳的疼痛	主婦之友社	300 元
5. 壓力、精神疲勞	主婦之友社	300 元
6. 眼睛疲勞、視力減退	主婦之友社	300 元

・休閒保健叢書・品冠編號 641

1. 瘦身保健按摩術	聞慶漢主編	200 元
2. 顏面美容保健按摩術	聞慶漢主編	200 元

・心 想 事 成・品冠編號 65

1. 魔法愛情點心	結城莫拉著	120 元
2. 可愛手工飾品	結城莫拉著	120 元
3. 可愛打扮 & 髮型	結城莫拉著	120 元
4. 撲克牌算命	結城莫拉著	120 元

・少 年 偵 探・品冠編號 66

1. 怪盜二十面相	（精）	江戶川亂步著	特價 189 元
2. 少年偵探團	（精）	江戶川亂步著	特價 189 元
3. 妖怪博士	（精）	江戶川亂步著	特價 189 元
4. 大金塊	（精）	江戶川亂步著	特價 230 元
5. 青銅魔人	（精）	江戶川亂步著	特價 230 元
6. 地底魔術王	（精）	江戶川亂步著	特價 230 元
7. 透明怪人	（精）	江戶川亂步著	特價 230 元

8. 怪人四十面相	（精）	江戶川亂步著	特價 230 元
9. 宇宙怪人	（精）	江戶川亂步著	特價 230 元
10. 恐怖的鐵塔王國	（精）	江戶川亂步著	特價 230 元
11. 灰色巨人	（精）	江戶川亂步著	特價 230 元
12. 海底魔術師	（精）	江戶川亂步著	特價 230 元
13. 黃金豹	（精）	江戶川亂步著	特價 230 元
14. 魔法博士	（精）	江戶川亂步著	特價 230 元
15. 馬戲怪人	（精）	江戶川亂步著	特價 230 元
16. 魔人銅鑼	（精）	江戶川亂步著	特價 230 元
17. 魔法人偶	（精）	江戶川亂步著	特價 230 元
18. 奇面城的秘密	（精）	江戶川亂步著	特價 230 元
19. 夜光人	（精）	江戶川亂步著	特價 230 元
20. 塔上的魔術師	（精）	江戶川亂步著	特價 230 元
21. 鐵人Q	（精）	江戶川亂步著	特價 230 元
22. 假面恐怖王	（精）	江戶川亂步著	特價 230 元
23. 電人M	（精）	江戶川亂步著	特價 230 元
24. 二十面相的詛咒	（精）	江戶川亂步著	特價 230 元
25. 飛天二十面相	（精）	江戶川亂步著	特價 230 元
26. 黃金怪獸	（精）	江戶川亂步著	特價 230 元

・武　術　特　輯・大展編號 10

1. 陳式太極拳入門	馮志強編著	180 元
2. 武式太極拳	郝少如編著	200 元
3. 中國跆拳道實戰 100 例	岳維傳著	220 元
4. 教門長拳	蕭京凌編著	150 元
5. 跆拳道	蕭京凌編譯	180 元
6. 正傳合氣道	程曉鈴譯	200 元
7. 實用雙節棍	吳志勇編著	200 元
8. 格鬥空手道	鄭旭旭編著	200 元
9. 實用跆拳道	陳國榮編著	200 元
10. 武術初學指南	李文英、解守德編著	250 元
11. 泰國拳	陳國榮著	180 元
12. 中國式摔跤	黃　斌編著	180 元
13. 太極劍入門	李德印編著	180 元
14. 太極拳運動	運動司編	250 元
15. 太極拳譜	清・王宗岳等著	280 元
16. 散手初學	冷　峰編著	200 元
17. 南拳	朱瑞琪編著	180 元
18. 吳式太極劍	王培生著	200 元
19. 太極拳健身與技擊	王培生著	250 元
20. 秘傳武當八卦掌	狄兆龍著	250 元
21. 太極拳論譚	沈　壽著	250 元
22. 陳式太極拳技擊法	馬　虹著	250 元

23. 二十四式 三十二式 太極 拳 劍	闞桂香著	180 元
24. 楊式秘傳 129 式太極長拳	張楚全著	280 元
25. 楊式太極拳架詳解	林炳堯著	280 元
26. 華佗五禽劍	劉時榮著	180 元
27. 太極拳基礎講座：基本功與簡化 24 式	李德印著	250 元
28. 武式太極拳精華	薛乃印著	200 元
29. 陳式太極拳拳理闡微	馬　虹著	350 元
30. 陳式太極拳體用全書	馬　虹著	400 元
31. 張三豐太極拳	陳占奎著	200 元
32. 中國太極推手	張　山主編	300 元
33. 48 式太極拳入門	門惠豐編著	220 元
34. 太極拳奇人奇功	嚴翰秀編著	250 元
35. 心意門秘籍	李新民編著	220 元
36. 三才門乾坤戊己功	王培生編著	220 元
37. 武式太極劍精華＋VCD	薛乃印編著	350 元
38. 楊式太極拳	傅鐘文演述	200 元
39. 陳式太極拳、劍 36 式	闞桂香編著	250 元
40. 正宗武式太極拳	薛乃印著	220 元
41. 杜元化＜太極拳正宗＞考析	王海洲等著	300 元
42. ＜珍貴版＞陳式太極拳	沈家楨著	280 元
43. 24 式太極拳＋VCD	中國國家體育總局著	350 元
44. 太極推手絕技	安在峰編著	250 元
45. 孫祿堂武學錄	孫祿堂著	300 元
46. ＜珍貴本＞陳式太極拳精選	馮志強著	280 元
47. 武當趙堡太極拳小架	鄭悟清傳授	250 元
48. 太極拳習練知識問答	邱丕相主編	220 元
49. 八法拳 八法槍	武世俊著	220 元
50. 地趟拳＋VCD	張憲政著	350 元
51. 四十八式太極拳＋DVD	楊　靜演示	400 元
52. 三十二式太極劍＋VCD	楊　靜演示	300 元
53. 隨曲就伸 中國太極拳名家對話錄	余功保著	300 元
54. 陳式太極拳五功八法十三勢	闞桂香著	200 元
55. 六合螳螂拳	劉敬儒等著	280 元
56. 古本新探華佗五禽戲	劉時榮編著	180 元
57. 陳式太極拳養生功＋VCD	陳正雷著	350 元
58. 中國循經太極拳二十四式教程	李兆生著	300 元
59. ＜珍貴本＞太極拳研究	唐豪・顧留馨著	250 元
60. 武當三豐太極拳	劉嗣傳著	300 元
61. 楊式太極拳體用圖解	崔仲三編著	400 元
62. 太極十三刀	張耀忠編著	230 元
63. 和式太極拳譜＋VCD	和有祿編著	450 元
64. 太極內功養生術	關永年著	300 元
65. 養生太極推手	黃康輝編著	280 元
66. 太極推手祕傳	安在峰編著	300 元

67. 楊少侯太極拳用架真詮	李璉編著	280 元
68. 細說陰陽相濟的太極拳	林冠澄著	350 元
69. 太極內功解祕	祝大彤編著	280 元
70. 簡易太極拳健身功	王建華著	180 元
71. 楊氏太極拳真傳	趙斌等著	380 元
72. 李子鳴傳梁式直趟八卦六十四散手掌	張全亮編著	200 元
73. 炮捶 陳式太極拳第二路	顧留馨著	330 元
74. 太極推手技擊傳真	王鳳鳴編著	300 元
75. 傳統五十八式太極劍	張楚全編著	200 元
76. 新編太極拳對練	曾乃梁編著	280 元
77. 意拳拳學	王薌齋創始	280 元
78. 心意拳練功竅要	馬琳璋著	300 元
79. 形意拳搏擊的理與法	買正虎編著	300 元
80. 拳道功法學	李玉柱編著	300 元
81. 精編陳式太極拳拳劍刀	武世俊編著	300 元
82. 現代散打	梁亞東編著	200 元
83. 形意拳械精解（上）	邸國勇編著	480 元
84. 形意拳械精解（下）	邸國勇編著	480 元

・彩色圖解太極武術・大展編號 102

1. 太極功夫扇	李德印編著	220 元
2. 武當太極劍	李德印編著	220 元
3. 楊式太極劍	李德印編著	220 元
4. 楊式太極刀	王志遠著	220 元
5. 二十四式太極拳(楊式)＋VCD	李德印編著	350 元
6. 三十二式太極劍(楊式)＋VCD	李德印編著	350 元
7. 四十二式太極劍＋VCD	李德印編著	350 元
8. 四十二式太極拳＋VCD	李德印編著	350 元
9. 16 式太極拳 18 式太極劍＋VCD	崔仲三著	350 元
10. 楊氏 28 式太極拳＋VCD	趙幼斌著	350 元
11. 楊式太極拳 40 式＋VCD	宗維潔編著	350 元
12. 陳式太極拳 56 式＋VCD	黃康輝等著	350 元
13. 吳式太極拳 45 式＋VCD	宗維潔編著	350 元
14. 精簡陳式太極拳 8 式、16 式	黃康輝編著	220 元
15. 精簡吳式太極拳<36 式拳架・推手>	柳恩久主編	220 元
16. 夕陽美功夫扇	李德印著	220 元
17. 綜合 48 式太極拳＋VCD	竺玉明編著	350 元
18. 32 式太極拳（四段）	宗維潔演示	220 元
19. 楊氏 37 式太極拳＋VCD	趙幼斌著	350 元
20. 楊氏 51 式太極劍＋VCD	趙幼斌著	350 元

・國際武術競賽套路・大展編號 103

1. 長拳	李巧玲執筆	220 元
2. 劍術	程慧琨執筆	220 元
3. 刀術	劉同為執筆	220 元
4. 槍術	張躍寧執筆	220 元
5. 棍術	殷玉柱執筆	220 元

・簡化太極拳・大展編號 104

1. 陳式太極拳十三式	陳正雷編著	200 元
2. 楊式太極拳十三式	楊振鐸編著	200 元
3. 吳式太極拳十三式	李秉慈編著	200 元
4. 武式太極拳十三式	喬松茂編著	200 元
5. 孫式太極拳十三式	孫劍雲編著	200 元
6. 趙堡太極拳十三式	王海洲編著	200 元

・導引養生功・大展編號 105

1. 疏筋壯骨功＋VCD	張廣德著	350 元
2. 導引保建功＋VCD	張廣德著	350 元
3. 頤身九段錦＋VCD	張廣德著	350 元
4. 九九還童功＋VCD	張廣德著	350 元
5. 舒心平血功＋VCD	張廣德著	350 元
6. 益氣養肺功＋VCD	張廣德著	350 元
7. 養生太極扇＋VCD	張廣德著	350 元
8. 養生太極棒＋VCD	張廣德著	350 元
9. 導引養生形體詩韻＋VCD	張廣德著	350 元
10. 四十九式經絡動功＋VCD	張廣德著	350 元

・中國當代太極拳名家名著・大展編號 106

1. 李德印太極拳規範教程	李德印著	550 元
2. 王培生吳式太極拳詮真	王培生著	500 元
3. 喬松茂武式太極拳詮真	喬松茂著	450 元
4. 孫劍雲孫式太極拳詮真	孫劍雲著	350 元
5. 王海洲趙堡太極拳詮真	王海洲著	500 元
6. 鄭琛太極拳道詮真	鄭琛著	450 元
7. 沈壽太極拳文集	沈壽著	630 元

・古代健身功法・大展編號 107

1.	練功十八法	蕭凌編著	200 元
2.	十段錦運動	劉時榮編著	180 元
3.	二十八式長壽健身操	劉時榮著	180 元
4.	三十二式太極雙扇	劉時榮著	160 元

・太極跤・大展編號 108

1.	太極防身術	郭慎著	300 元
2.	擒拿術	郭慎著	280 元
3.	中國式摔角	郭慎著	350 元

・原地太極拳系列・大展編號 11

1.	原地綜合太極拳 24 式	胡啟賢創編	220 元
2.	原地活步太極拳 42 式	胡啟賢創編	200 元
3.	原地簡化太極拳 24 式	胡啟賢創編	200 元
4.	原地太極拳 12 式	胡啟賢創編	200 元
5.	原地青少年太極拳 22 式	胡啟賢創編	220 元

・名師出高徒・大展編號 111

1.	武術基本功與基本動作	劉玉萍編著	200 元
2.	長拳入門與精進	吳彬等著	220 元
3.	劍術刀術入門與精進	楊柏龍等著	220 元
4.	棍術、槍術入門與精進	邱丕相編著	220 元
5.	南拳入門與精進	朱瑞琪編著	220 元
6.	散手入門與精進	張山等著	220 元
7.	太極拳入門與精進	李德印編著	280 元
8.	太極推手入門與精進	田金龍編著	220 元

・實用武術技擊・大展編號 112

1.	實用自衛拳法	溫佐惠著	250 元
2.	搏擊術精選	陳清山等著	220 元
3.	秘傳防身絕技	程崑彬著	230 元
4.	振藩截拳道入門	陳琦平著	220 元
5.	實用擒拿法	韓建中著	220 元
6.	擒拿反擒拿 88 法	韓建中著	250 元
7.	武當秘門技擊術入門篇	高翔著	250 元
8.	武當秘門技擊術絕技篇	高翔著	250 元
9.	太極拳實用技擊法	武世俊著	220 元
10.	奪凶器基本技法	韓建中著	220 元

11. 峨眉拳實用技擊法	吳信良著	300 元
12. 武當拳法實用制敵術	賀春林主編	300 元
13. 詠春拳速成搏擊術訓練	魏峰編著	元
14. 詠春拳高級格鬥訓練	魏峰編著	元

・中國武術規定套路・大展編號 113

1. 螳螂拳	中國武術系列	300 元
2. 劈掛拳	規定套路編寫組	300 元
3. 八極拳	國家體育總局	250 元
4. 木蘭拳	國家體育總局	230 元

・中華傳統武術・大展編號 114

1. 中華古今兵械圖考	裴錫榮主編	280 元
2. 武當劍	陳湘陵編著	200 元
3. 梁派八卦掌（老八掌）	李子鳴遺著	220 元
4. 少林 72 藝與武當 36 功	裴錫榮主編	230 元
5. 三十六把擒拿	佐藤金兵衛主編	200 元
6. 武當太極拳與盤手 20 法	裴錫榮主編	220 元
7. 錦八手拳學	楊永著	280 元
8. 自然門功夫精義	陳懷信編著	500 元
9. 八極拳珍傳	王世泉著	330 元
10. 通臂二十四勢	郭瑞祥主編	280 元

・少 林 功 夫・大展編號 115

1. 少林打擂秘訣	德虔、素法編著	300 元
2. 少林三大名拳 炮拳、大洪拳、六合拳	門惠豐等著	200 元
3. 少林三絕 氣功、點穴、擒拿	德虔編著	300 元
4. 少林怪兵器秘傳	素法等著	250 元
5. 少林護身暗器秘傳	素法等著	220 元
6. 少林金剛硬氣功	楊維編著	250 元
7. 少林棍法大全	德虔、素法編著	250 元
8. 少林看家拳	德虔、素法編著	250 元
9. 少林正宗七十二藝	德虔、素法編著	280 元
10. 少林瘋魔棍闡宗	馬德著	250 元
11. 少林正宗太祖拳法	高翔著	280 元
12. 少林拳技擊入門	劉世君編著	220 元
13. 少林十路鎮山拳	吳景川主編	300 元
14. 少林氣功祕集	釋德虔編著	220 元
15. 少林十大武藝	吳景川主編	450 元
16. 少林飛龍拳	劉世君著	200 元
17. 少林武術理論	徐勤燕等著	200 元

國家圖書館出版品預行編目資料

盧　梭／傅　陽主編
－初版－臺北市，品冠，民 96
面；21 公分－（名人選輯；4）
ISBN 978-957-468-503-5（平裝）
1.盧梭(Rousseau, Jean-Jacques, 1712-1778)—傳記
2.盧梭(Rousseau, Jean-Jacques, 1712-1778)—學術思想
784.28　　　95020594

盧　梭

ISBN-13：978-957-468-503-5
ISBN-10：957-468-503-1

主編者／傅　陽
發行人／蔡　孟　甫
出版者／品冠文化出版社
社　址／台北市北投區（石牌）致遠一路 2 段 12 巷 1 號
電　話／(02) 28233123・28236031・28236033
傳　真／(02) 28272069
郵政劃撥／19346241(品冠)
網　址／www.dah-jaan.com.tw
E-mail／service@dah-jaan.com.tw
承印者／國順文具印刷行
裝　訂／建鑫印刷裝訂有限公司
排版者／千兵企業有限公司
初版1刷／2007年（民96年）　1月

定　價／200 元